W0045491

UTB 2287

Eine Arbeitsgemeinschaft der Verlage

Beltz Verlag Weinheim und Basel
Böhlau Verlag Köln · Weimar · Wien
Wilhelm Fink Verlag München
A. Francke Verlag Tübingen und Basel
Paul Haupt Verlag Bern · Stuttgart · Wien
Verlag Leske + Budrich Opladen
Lucius & Lucius Verlagsgesellschaft Stuttgart
Mohr Siebeck Tübingen
C. F. Müller Heidelberg
Ernst Reinhardt Verlag München und Basel
Ferdinand Schöningh Verlag Paderborn · München · Wien · Zürich
Eugen Ulmer Verlag Stuttgart
Vandenhoeck & Ruprecht Göttingen
WUV Facultas · Wien

Die Reihe »Pädagogische Porträts«
wird herausgegeben von Alfred Schäfer.

Alfred Schäfer

Jean-Jacques Rousseau

Ein pädagogisches Porträt

Beltz Verlag · Weinheim und Basel

Über den Autor:
Alfred Schäfer, Jg. 1951, Prof. Dr. phil. habil., ist
Hochschullehrer für Systematische Erziehungswissenschaft
an der Martin-Luther-Universität Halle-Wittenberg

Lektorat: Peter E. Kalb

© 2002 Beltz Verlag · Weinheim und Basel
www.beltz.de
Herstellung: Christine Herth
Satz: Mediapartner Satz und Repro GmbH, Hemsbach
Druck: Druckhaus Beltz, Hemsbach
Umschlaggestaltung: Atelier Reichert, Stuttgart
Printed in Germany

ISBN (UTB): 3-8252-2287-X
ISBN (Beltz Verlag): 3-407-25263-3

Inhaltsverzeichnis

Siglen

AB	Letzte Antwort an Bordes. In: J.-J. Rousseau: Schriften I (hrsg. von H. Ritter). Frankfurt a.M./Berlin/Wien 1981, S. 107–136.
BA	Brief an d'Alembert über das Schauspiel. In: J.-J. Rousseau: Schriften I, a.a.O., S. 333–474.
BB	Briefe vom Berge. In: J.-J. Rousseau: Schriften II (hrsg. von H. Ritter). Frankfurt a.M./Berlin/Wien 1981, S. 7–252.
BR	Brief an Raynal. In: J.-J. Rousseau: Schriften I, a.a.O., S. 61–66.
D1	Abhandlung über die Wissenschaften und Künste. In: J.-J. Rousseau: Schriften I, a.a.O., S. 27–60.
D2	Abhandlung über den Ursprung und die Grundlagen der Ungleichheit. In: J.-J. Rousseau: Schriften I, a.a.O., S. 165–302.
E	J.-J. Rousseau: Emile oder Über die Erziehung. Stuttgart 1963.
J	J.-J. Rousseau: Julie oder Die neue Heloise. München 1988.
JJ	J.-J. Rousseau: Rousseau richtet über Jean-Jacques. In: Ders.: Schriften II, a.a.O., S. 253–636.
G	J.-J. Rousseau: Der Gesellschaftsvertrag. Stuttgart 1974.
N	Vorrede zu »Narcisse«. In: J.-J. Rousseau: Schriften I, a.a.O., S. 145–164.
V	Brief an Voltaire. In: J.-J. Rousseau: Schriften I, a.a.O., S. 313–332.

Einleitung

Herwig Blankertz schreibt in seiner »Geschichte der Pädagogik«, dass es gute Gründe gibt, Rousseau als denjenigen zu betrachten, mit dem die moderne Wissenschaft von der Erziehung beginnt (vgl. Blankertz 1982, S. 70). Zwar sei dagegen auch vorgebracht worden, dass das Werk Rousseaus nicht einheitlich sei und dass sein Autor von fragwürdigem Charakter gewesen sei.[1] Das pädagogische Hauptwerk: Emile oder über die Erziehung (1762) stelle keine wissenschaftliche Abhandlung dar, sondern konstruiere nur eine fiktive Biografie. Aber auch wenn man dies zugesteht, so ist doch mit Blankertz darauf hinzuweisen, dass eben diese fiktive Biografie eine solche ist, die pädagogisch verantwortet und gesteuert wird: Das, was Rousseau in seinen Augen für die pädagogische Disziplin geleistet hat, besteht nicht so sehr in der Proklamation eines neuen Erziehungszieles, sondern im Vorführen der »Eigenstruktur des Sachverhalts Erziehung selber. Darin liegt die Bedeutung Rousseaus für das pädagogische Denken« (Blankertz 1982, S. 72).

Es ist dieser Verweis auf die Darstellung der eigenen Struktur und auf die Probleme eines pädagogischen Denkens, das sich nicht mehr auf göttliche oder für natürlich gehaltene Autoritäten stützen kann, der den systematischen Ort Rousseaus in der Geschichte der

---

1   Zur Diskussion um die Person Rousseaus, seinen Charakter oder seine psychischen Defizite, soll hier keine Stellung bezogen werden. Diese Diskussion verstummt seit den Vorwürfen seiner Zeitgenossen bis heute nicht. Und auch Rousseau selbst hat sie mit den (moralischen) Reflexionen auf seine Stellung als Autor und seinen autobiografischen Schriften aufgenommen. Hier soll demgegenüber der systematische Stellenwert des Werks im Vordergrund stehen.

Pädagogik markiert. Rousseau gehört insofern zur Aufklärungs-
bewegung. Er teilt den pädagogischen Optimismus, der davon ausgeht, dass es von der Erziehung abhängt, was aus dem Menschen
wird. Er radikalisiert diesen Optimismus sogar noch, wenn er die
Bedeutung der Erziehung dadurch zu erhöhen trachtet, dass er sie
jenseits gesellschaftlicher Sozialisationsprozesse ansiedelt. Der Gesellschaftskritik der Aufklärung stellt er eine pädagogische Perspektive zur Seite, die versucht, jenseits der determinierenden Gesellschaft den Menschen zum Menschen und nicht zum funktionie-
renden Bestandteil der kritisierten Gesellschaft zu machen. Für den
anvisierten Standort jenseits der Gesellschaft wählt Rousseau den
Terminus der Natur. Dies hat ihm schon zu seiner Zeit viel Spott
eingetragen, weil man glaubte, ihm unterstellen zu können, er wol-
le »zurück zur Natur« im Sinne eines tierischen Zustandes. Doch
gerade vom Gesichtspunkt seines pädagogischen Denkens her
muss eine solche Unterstellung als unsinnig erscheinen: Wenn man
den »Emile« und die darin enthaltenen pädagogischen Reflexionen
liest, dann ist klar, dass eine »natürliche Erziehung«, die pädagogisch reflektiert und ins Werk gesetzt wird, immer eine vermittelte
(also keine unmittelbar natürliche) sein muss. Und in der Tat wird
sich auch in der vorliegenden Betrachtung zeigen, dass das pädagogische Werk Rousseaus sich gerade am so gegebenen Spannungsverhältnis von natürlicher Entwicklung und pädagogischer Anlei-
tung abarbeitet.

Rousseau gehört auch deshalb zur Aufklärung, weil er der pädagogischen Reflexion die Lösung des Problems einer Erziehung
zum Menschen zumutet. Dabei können weder gesellschaftliche
Vorgaben bestimmend werden noch religiöse oder moralische Im-
perative. Weder das, was man schon immer tut, noch das, was
»normal« ist oder als moralisch gilt, kann dem Pädagogen die
Richtung vorgeben. Das Ziel ist von ihm als Erzieher zu bestimmen. Den Maßstab hierzu kann er nur im Adressaten der Erziehung selbst finden: Soll sich Erziehung von einer bloß gesellschaftlichen Determination unterscheiden, darf sie dem Kind keine ihm
äußerlichen Maßstäbe vorgeben. Dabei glaubt Rousseau nicht an
eine natürliche Bestimmung des individuellen Menschen, die sich

inhaltlich angeben ließe. Ihm geht es nicht um die Erkenntnis eines Profils individueller »Anlagen« oder »Begabungen«. Seine Pädagogik ist nicht am Individuum orientiert, sondern am »Menschen«, an dem, was den Menschen jenseits der Gesellschaft zum Menschen macht und ihm sein Glück gewährt. Dieses Ziel bestimmt Rousseau – worauf vor allem Günther Buck hingewiesen hat (1984) – nicht inhaltlich, sondern formal. Rousseau entwirft keine Wesensbestimmung des Menschen. Für ihn bedeutet Menschsein die Möglichkeit, mit sich selbst identisch sein zu können. Es ist diese formale Vorstellung von Identität, in der die Wünsche eines Menschen mit seinen Fähigkeiten zu ihrer Befriedigung übereinstimmen, in der das Denken, das Wollen und das Tun in Einklang stehen, die das Ziel dessen bildet, was Rousseau »natürliche Erziehung« nennt. Die Vorstellung des Mit-sich-identisch-Seins ist eine moderne Vorstellung. Sie beinhaltet, dass es keine von außen gesetzten Zielvorstellungen geben darf, an denen sich der Mensch auszurichten hat: Fremdbestimmung würde bedeuten, dass der Mensch nicht mehr mit sich, sondern mit den Forderungen anderer Menschen in Übereinstimmung steht. Sie bedeutet die »Entfremdung« des Menschen von sich selbst. Erziehung wird demnach nicht Fremdbestimmung sein dürfen. Wie das möglich sein soll, das ist eine der zentralen Fragen, die Rousseau nicht nur aufgeworfen, sondern auch zu beantworten versucht hat.

Eine solche Problemstellung ist insofern interessant und aktuell, als Rousseau mit ihr den unkritischen Fortschrittsoptimismus der Aufklärung infrage stellt. Für diesen Optimismus war die Befreiung von Vorurteilen, überkommenen Meinungen oder religiösen Dogmen schon identisch mit der Befreiung des Menschen zur Vernunft. Und im Zustand der Vernunft ist auch eine Einigung der Menschen untereinander möglich, die das Problem von Fremd- und Selbstbestimmung überflüssig macht. Unter dem Licht der Vernunft fällt die Selbstbestimmung des Menschen mit der gemeinsamen Einigung auf das Richtige zusammen. Rousseaus öffentliches Schaffen beginnt mit einer Kritik dieser Auffassung. Er bezweifelt, dass die Aufklärung über Vorurteile und Aberglauben, die Orientierung an der Wissenschaft automatisch zu jenem Zustand führt, in dem nur noch Vernunftwesen miteinander verkehren. Für ihn, den aufklärerischen Kritiker der Aufklärung, ist es wichtig, die Aufklärungsbemühungen der »Philosophen« selbst noch in ihrem gesellschaftlichen Kontext zu betrachten. Dann – so scheint es ihm – ist festzustellen, dass die Aufklärungsbemühungen keinen Selbstzweck darstellen, sondern selbst noch einem gesellschaftlichen Zweck: dem sozialen Vorwärtskommen ihrer Protagonisten, dienen. Mit dieser Kritik an der Aufklärung, die Rousseau selbst noch in aufklärerischer Absicht unternimmt, schafft er sich nicht nur Feinde unter den Aufklärern. Er handelt sich auch eben jenes Legitimationsproblem ein, das oben schon angedeutet wurde: Wie ist ein Standort jenseits der kritisierten gesellschaftlichen Verhaftetheit der Aufklärung möglich? Inwieweit trifft also nicht der schon von seinen Zeitgenossen geäußerte Vorwurf zu, dass der Aufklärer Rousseau selbst aus jener Eitelkeit heraus handelt, die er als gesellschaftliches Übel kritisiert? Und: Wie ist eine Erziehung möglich, die einerseits nicht in verdorbene gesellschaftliche Verhältnisse einführt und die andererseits nicht eine gesellschaftliche Fremdbestimmung einfach durch eine pädagogische ersetzt? Wie ist eine Erziehung möglich, die den Menschen zum Menschen macht, zur Identität mit sich selbst führt?

Bevor Rousseaus Antwort auf diese Frage: seine pädagogische Theorie, erläutert werden kann, ist es daher sinnvoll, ihn zunächst als aufklärerischen Kritiker der Aufklärung vorzustellen. Dabei wird es darauf ankommen, die Kriterien seiner Kritik: den »Naturzustand« sowie das formale Konzept einer »Identität mit sich selbst«, zu betrachten. Es sind dies Kriterien, die Rousseau, der gerade die gesellschaftlich bedingte Beschränktheit der Aufklärung kritisiert, nicht in der Gesellschaft finden kann. Wenn aber diese Kriterien nur jenseits der Gesellschaft zu finden sind, dann muss Rousseau auch die Frage beantworten, wieso sie dann nicht nur rein fiktiv sind, sondern auch eine reale Alternative für das menschliche Leben in der Gesellschaft darstellen. Wie er versucht, mit dieser Schwierigkeit umzugehen, dies bildet den Gegenstand der ersten beiden Kapitel. Im dritten Kapitel wird dann die pädagogische Konzeption Rousseaus erläutert als ein Versuch, genau auf diese Frage nach der Möglichkeit der gesellschaftlichen Realisierung jener Kritikmaßstäbe, die einen Standpunkt jenseits der Gesellschaft voraussetzen, eine Antwort zu geben. Dabei soll davon ausgegangen werden, dass gerade in dieser paradoxen Aufgabenstellung die bleibende Aktualität der Erziehungstheorie Rousseaus gesehen werden kann. Um auf die Einschätzung von Blankertz zurückzukommen: Gerade in dieser Paradoxie der gesellschaftlichen Realisierung nicht gesellschaftlich begründbarer Maßstäbe soll jene Eigenstruktur pädagogischen Handelns deutlich werden, die man als Erbschaft Rousseaus betrachten kann.

Abschließend soll dann im 4. Kapitel auf die Begrenzung der Konzeption Rousseaus hingewiesen werden, die darin besteht, dass er sowohl seine Anthropologie und damit seine Kritik der Aufklärung wie auch seine pädagogische Theorie als exklusiv für das männliche Geschlecht verstanden wissen will.

1. Entfremdungstheorie und Vernunftkritik

1750 antwortet Rousseau auf die Preisfrage der Akademie von Dijon, »ob die Wiederherstellung der Wissenschaften und Künste zur Läuterung der Sitten beigetragen hat«, mit einem klaren »Nein«. Er erhält den Preis der Akademie.

Das Besondere an der Antwort Rousseaus besteht darin, dass er einerseits die in der Frage liegende Vorstellung der Aufklärung akzeptiert, nach der Wissenschaften und Künste zur Verbesserung eines durch sie von Vorurteilen und falschen Traditionen befreiten Menschengeschlechts beitragen sollten. Die Einheit von theoretischem Wissen und praktischem Urteil bildete eine grundlegende Annahme (nicht nur) der französischen Aufklärung: Man glaubte, dass theoretische Einsichten etwas seien, das notwendig das praktische Urteil, das Urteil über das, was richtig oder falsch ist, anleiten. Wenn man etwas als richtig eingesehen hat, wird man sich auch daran halten. An dieser Grundannahme rüttelt auch Rousseau nicht. Die Einheit von theoretischer Einsicht und praktischem Urteil bildet für ihn gerade den Maßstab, von dem ausgehend er seine Kritik an der gesellschaftlichen Funktion von Wissenschaften und Künsten entfaltet.

Mit seiner Kritik nutzt er andererseits den durch die Akademie-Frage eröffneten Spielraum. Dieser besteht darin, dass in das theoretische Wissen eine Unterscheidung eingezogen wird: diejenige von im Hinblick auf die Verbesserung des Menschengeschlechts förderlichem und weniger förderlichem Wissen. In diesem Spannungsfeld nimmt Rousseau Partei. Er hätte die Frage der Akademie auch mit dem Hinweis verneinen können, dass die Wissenschaften und Künste bisher noch nicht zur Läuterung der Sitten beigetragen hätten, dass also hier noch gewisse Verbesserungen notwendig seien. Rousseaus Antwort aber besteht darin zu bestreiten, dass Wissenschaften und Künste überhaupt etwas zur Verbesserung des Menschengeschlechts beizutragen vermögen. Wissenschaften und Künste erreichen gar nicht die Ebene, auf der sich praktisch verbindliche theoretische Einsichten ergeben.

Eine Kritik der Wissenschaften und Künste als solche aber klingt nicht nur vor dem Hintergrund einer fortschrittsgläubigen Aufklärung reaktionär. Wenn Rousseau von einer »glücklichen Unwissenheit« (D1: 43) spricht, wenn er sagt, dass »die Wissenschaften, die Literatur und die Künste, die weniger despotisch, vielleicht aber desto mächtiger sind, über die ihnen (den Menschen – A.S.) angelegten Ketten Blumenkränze« ausbreiten, die »Empfindung der ursprünglichen Freiheit« ersticken, »um deretwillen sie doch geboren zu sein schienen«, dass diese die Menschen ihre Sklaverei zu lieben lehren, indem sie aus ihnen das machen, »was man gesittete Völker nennt« (ebd.: 34), dann klingt das wie eine radikale Verabschiedung aller Hoffnungen der Aufklärung. Wenn er darauf verweist, dass »diese eitlen und törichten Schwätzer ... mit ihren Paradoxen allenthalben umher(gehen) und ... die Grundfesten des Glaubens (untergraben) und ... die Tugend (vernichten)« (ebd.: 47), dann scheint Rousseau zum Verteidiger des Ancien Régime zu werden.

Dennoch klagt er gerade auch die »Barbarei des Mittelalters« an. Die Völker hätten sich damals in einem Zustand befunden, »der ärger war als die Unwissenheit selbst ... Es musste eine Revolution erfolgen, um die Menschen zur gesunden Vernunft zurückzuführen.« (ebd.: 33)

Dies alles klingt wenig schlüssig: der von Natur aus freie Mensch, der von der Gesellschaft sowie selbst noch von den aufklärenden Wissenschaften und Künsten in Fesseln gelegt wird, das Lob des aufgeklärten Menschen gegen die barbarische Unwissenheit des Mittelalters, die Betonung der »gesunden Vernunft« und das Bestehen auf der Bedeutung von festem Glauben und Tugenden. Der wahrhaft freie Mensch, der von sozialen Normen und selbst noch von aufklärerischem Wissen in Fesseln geschlagen wird, soll gleichzeitig die Bedeutung des festen Glaubens und wichtiger

Tugenden einsehen. Das klingt nach der Aufgabe der Freiheit in einer fremdbestimmten Moral – so, als ob nur die Einsicht in diese eine praktische Verbindlichkeit hervorrufen könnte. Es klingt so, als ob Rousseau hinter die Aufklärung zurück wollte.

Von Widersprüchlichkeiten zu sprechen und nicht nur von einem reaktionären Affront gegen die Aufklärung ist jedoch verständlich und sinnvoll nur dann, wenn man Rousseau, den Kritiker des aufklärerischen Fortschritts- und Vernunftglaubens, selbst noch als Aufklärer, als Vertreter der Moderne, versteht. Dass dies gar nicht so einfach ist, zeigen die Reaktionen namhafter Aufklärer auf Rousseaus Schriften. Man wird daher einen Unterschied zwischen der allgemeinen Überzeugung der Aufklärer und der Sichtweise Rousseaus im Hinblick auf das, was »modern« ist, festhalten müssen. Das Moderne in der Perspektive Rousseaus findet man weder in einer Sicht auf die Verbesserung der Gesellschaft noch in der Hoffnung auf die Durchsetzung der Vernunft in den Individuen oder in der Geschichte. Genau darin aber könnte man (sicher grob verallgemeinernd) die Sichtweise der Aufklärung sehen. Man findet es bei Rousseau in den Voraussetzungen seiner eigentümlichen Entfremdungstheorie.

Die Entfremdung in der Sicht Rousseaus ist eine des Menschen von sich selbst. Sie ist keine Entfremdung von seinem wie auch immer inhaltlich bestimmten Wesen. Sie ist auch keine Entfremdung von der Gesellschaft, vielmehr ist die Gesellschaft selbst die Bedingung der Entfremdung des Menschen von sich selbst. Rousseau geht davon aus, dass sich die Entfremdung des Menschen von sich selbst gleichsam in zwei Schritten vollzieht. Der erste Schritt ist bereits mit der Vergesellschaftung des Menschen gegeben. In der Gesellschaft lernen die Menschen, sich mit den Augen der anderen zu sehen. Über die »natürliche« Selbstliebe hinaus entwickeln sie eine Eigenliebe, die vorwiegend aus dem Vergleich mit anderen resultiert und mit dem Streben nach Überlegenheit ebenso Eitelkeit und Ehrgeiz wie damit auch Abhängigkeit erzeugt. Wer gelernt hat, sich mit den Augen der anderen Menschen zu sehen, und wer glaubt, dass es darauf ankomme, in deren Augen gut, vielleicht auch besser als andere dazustehen, der wird seinen Maßstab in den anderen und nicht in sich selbst finden. Er wird alles tun, um in den Augen der anderen Menschen positiv zu erscheinen. Damit aber macht er sich zugleich von diesen abhängig.

> »Es muss einem jeden in die Augen leuchten, dass die Fesseln der Knechtschaft nicht anders als durch die Abhängigkeit der Menschen voneinander und durch ihre gegenseitigen Bedürfnisse haben geschmiedet werden können, und dass wir unmöglich einen Menschen untertänig machen können, wenn wir ihn nicht dahin gebracht haben, dass er eines anderen nicht entbehren kann.« (D2: 227)

Es ist der Vergleich mit anderen, die komparative Lebensweise, die das eigene Glück und Wohlbefinden vom Neid und von der Bewunderung des anderen abhängig macht, die in den Augen Rousseaus dazu führt, dass sich der Mensch verliert und gerade das nicht erreicht, was er anstrebt: das Glück, das in der Einheit mit sich selbst besteht. Den Verlust dieser Einheit mit sich selbst durch die Abhängigkeit vom Blick des anderen Menschen nennt Rousseau »Entfremdung«.[1]

Die Wissenschaft der Aufklärung, die den Menschen aus selbstverschuldeter Unmündigkeit befreien wollte, bildet für ihn nur eine Fortsetzung dieser Tendenz, den zweiten Schritt:

> »Die Astronomie entstand aus dem Aberglauben; die Beredsamkeit aus dem Ehrgeiz, dem Hass, der Schmeichelei und der Lüge; die Messkunde aus dem Geiz; die Naturlehre aus der eitlen Neugierde; alle, und selbst die Moral, aus dem menschlichen Stolz. Unseren Lastern danken die Wissenschaften und Künste ihre Entstehung … Der Makel ihres Ursprungs zeigt sich nur zu sehr auch an ihren Gegenständen. Was nützten uns die Künste ohne den Lu-

---

1 Hier ist vor allem auf das schon erwähnte Werk Bucks (1984) zu verweisen, der die Bedeutung des Entfremdungskonzepts Rousseaus und dessen Wirkung über Schillers Rezeption bis hin in die Bildungstheorie Wilhelm von Humboldts verfolgt.

xus, welcher sie nährt? Wozu brauchten wir die Rechtsgelehrtheit, wenn die Menschen keine Ungerechtigkeiten begingen? Was würde aus der Geschichte werden, wenn es keine Tyrannen, keine Kriege, keine Verschwörer gäbe?« (D1: 45)

Die Wissenschaften und Künste verstärken die Entfremdungstendenzen, die mit der Relevanz der Perspektive der Mitmenschen für die eigene Identität gegeben sind. Sie verfeinern die Mittel der Täuschung, die in der Konkurrenz um die Durchsetzung eigener Interessen und um soziale Anerkennung notwendig erscheinen.

»Es ist doch ein sehr bewunderungswürdiges Ding, dass man die Menschen dahin gebracht hat, dass es ihnen unmöglich ist, miteinander zu leben, ohne sich gegenseitig zu beschuldigen, beiseite zu drängen, zu täuschen, zu verraten und zu vernichten! Fortan muss man darauf achten, dass wir uns nicht so sehen, wie wir sind, denn auf zwei Menschen, deren Interessen übereinstimmen, kommen vielleicht zehntausend, die ihnen entgegenstehen, und um Erfolg zu haben, gibt es kein anderes Mittel, als alle diese Leute zu täuschen oder zugrunde zu richten.« (N: 157)
»Es gibt keine aufrichtigen Freundschaften mehr, keine wirkliche Hochachtung, kein festes Zutrauen. Argwohn, Misstrauen, Furcht, Kälte, Zurückhaltung, Hass und Verleumdung werden sich ewig unter diesem einförmigen und betrügerischen Schleier der Höflichkeit, dieser gepriesenen Feinheit der Sitten verstecken, welche wir der Aufklärung unseres Jahrhunderts zu danken haben.« (D1: 36)

Der Entfremdung des Menschen von sich selbst, wie sie in der Gesellschaft statthat und durch die Aufklärung noch verstärkt wird, ist auch nicht mit dem Allheilmittel der Aufklärung, der Vernunft, beizukommen. Rousseau verneint jenen als einfach gegeben unterstellten Zusammenhang einer Befreiung aus Bevormundungen mit einem Anwachsen der Vernunft. Die Vernunft, die allgemeine Fähigkeit der Menschen, begründete Urteile zu fällen, bleibt in den Augen Rousseaus ein formales Vermögen, das als solches noch nichts über die inhaltliche Wahrheit der gefällten Urteile aussagt. In einem Brief an Voltaire schreibt Rousseau:

>*»Denn nur zu gut weiß ich, wie viel leichter die menschliche Vernunft in die Form unserer Meinungen als in die Form der Wahrheit sich gießen lässt und dass zwischen zwei Menschen von ungleichen Gesinnungen das, was der eine als erwiesen annimmt, für den anderen oft nur ein Trugschluss ist.«* (V: 320)

Die Vernunft, jenes absolute Richtmaß, auf das die Aufklärung vertraut, ist für Rousseau den durch die Gesellschaft gegebenen Entfremdungstendenzen nicht entzogen. Für die Aufklärung bestand die »Entfremdung« (wenn man diesen Terminus verwenden will) darin, dass die Menschen durch Vorurteile und Dogmen daran gehindert wurden, ihre Vernunft zu gebrauchen. Durch die Aufhebung dieser Vorurteile und Dogmen wird die Vernunft in ihr Recht gesetzt und jene Selbstbestimmung ermöglicht, in der für Entfremdung kein Platz mehr ist. Rousseau misstraut dem. Für ihn bleibt die Vernunft ein Vermögen, dessen Verwendung immer auch gesellschaftlichen Bedingungen unterliegt. Und das heißt: Man kann sich immer täuschen (vgl. BB: 12): »Zu oft trügt uns die Vernunft, wir sind nur allzu berechtigt, sie abzuweisen.« (E: 585) Die Vernunft taugt in den Augen Rousseaus nicht als Gegenspieler der von ihm wahrgenommenen Entfremdungstendenzen. Sie kann diese Funktion nicht erfüllen, weil sie nicht über ein unabhängiges, ihrer gesellschaftlichen Verwendung entzogenes, aber allgemein geltendes Maß verfügt. Rousseau geht davon aus,

>*»dass die Vernunft kein gut bestimmtes allgemeines Maß hat und dass es keinem Menschen ansteht, seine Vernunft zum Maßstab der Vernunft anderer zu machen«* (BA: 343 Anm.).

Auch wenn Rousseau die Vernunft für ein wichtiges menschliches Vermögen hält, das es erlaubt, etwa die Leidenschaften im Zaum zu halten oder das Richtige zu suchen, so vermag sie doch eines nicht: die Wahrheit zu erkennen. Sie kann also in seinen Augen nicht jene Funktion der Selbstbestimmung und Selbsterfüllung des Menschen übernehmen, die ihr von der Aufklärung zugedacht wurde. »Wahr« erscheint für Rousseau nur das, was durch Vernunfturteile zwar geschaffen wird, was aber zugleich vom Gewissen geliebt wird. Das dem Menschen nicht verfügbare Gewissen rückt bei ihm in die Richterfunktion. Im Gegensatz zur Vernunft, die als Vermögen des Menschen definiert wird – also als etwas, über das er verfügen kann, gilt das Gewissen als eine vom Menschen unabhängige Instanz. Als solche garantiert sie, dass das vom Menschen mithilfe seiner Vernunft Eingesehene als wahr gelten kann und zugleich einen verpflichtenden Charakter hat. Solange man also den Zusammenhang von Vernunft und Gewissen nicht berücksichtigt, verfehlt man in den Augen Rousseaus das Problem der Aufklärung: die Frage nach der Einheit von theoretischer Einsicht und praktischer Verbindlichkeit.

Doch auch, wenn man den Zusammenhang von Vernunft und Gewissen berücksichtigt, ist niemals sicher, ob der Mensch überhaupt in der Lage ist, die Stimme des Gewissens zu vernehmen. Wenn der Mensch sich seiner selbst entfremdet hat und sich nur noch mit den Augen der anderen Menschen sieht, um deren Anerkennung er ringt, dann wird er auch der Stimme seines Gewissens kein Gehör schenken. Rousseaus Erziehung des Emile wird gerade versuchen, dieses Vernehmen der Stimme des Gewissens etwas wahrscheinlicher zu machen.

Rousseau bleibt allerdings skeptisch: Weder ein inhaltlich angebbares Glück noch die Vernunft oder ein göttlich installiertes Gewissen bilden den Bezugspunkt für seine Entfremdungstheorie. Keine Theorie darüber, wie der Mensch zu sein habe, keine Perspektive reiner Vernünftigkeit oder der Übereinstimmung mit göttlich vorgegebenen Geboten geben das Maß vor, von dem sich der Mensch entfremdet hat. Es geht Rousseau nicht um die Unterscheidung von »wahrer« und »verdorbener« Gesellschaft, von »reiner« Vernunft und ihren korrumpierten Erscheinungsformen, von göttlichem Gesetz und sündiger Existenz.

Weder in einer vernünftigen Gesellschaft noch in der Übereinstimmung mit der Vernunft oder einem gottgefälligen Leben findet

der Mensch sein Maß – sondern allein in der formalen Übereinstimmung mit sich selbst. Die Identität mit sich selbst garantiert
das Glück des Menschen unabhängig von der gesellschaftlichen
Einbindung des Individuums. Diese Übereinstimmung mit sich
selbst bildet das Credo Rousseaus und den Bezugspunkt seiner
Entfremdungstheorie. Und es ist zugleich dieses formalisierte Identitätskonzept, das seinen Ansatz auf eine radikale Weise modern
macht. Der Mensch als Maß steht für ihn jenseits der Gesellschaft,
jenseits eines reinen Vernunftkonzepts und qua Freiheit auch jenseits eines göttlichen Schicksalsplans. Man kann den Menschen –
wie Rousseau programmatisch im »Emile« sagen wird – entweder
auf sein Menschsein oder auf seinen gesellschaftlichen Status hin
orientieren: Beides geht nicht zusammen. Man könnte und müsste
hinzufügen, dass dies auch für die Verpflichtung auf eine für rein
gehaltene Vernunft oder für verbindlich gehaltene göttliche Gebote
zutrifft: Auch solche Orientierungen würden den zentralen Maßstab, die Übereinstimmung des Menschen mit sich selbst, verfehlen
und die Entfremdung des Menschen zur Folge haben.

Für den Ort der Übereinstimmung des Menschen mit sich
selbst, der jenseits des normativen Konzepts einer aufgeklärten Gesellschaft, jenseits eines Modells reiner, von gesellschaftlichen Einflüssen freier Vernunft und auch jenseits einer verbindlichen Reli-
giosität angesiedelt ist, hat Rousseau einen Namen: Natur. Im Naturzustand stimmt der Mensch unmittelbar, d.h. ohne jede
Vermittlung durch Gesellschaft, Vernunft und Religion, mit sich
selbst überein. Diese Natürlichkeit kann er unter gesellschaftlichen
Bedingungen nur aufrechterhalten, wenn sich seine Wünsche und
die Fähigkeiten zu ihrer Erfüllung in einem Gleichgewicht befinden
und wenn sein Denken, Reden und Handeln übereinstimmen. Es
sind dann auch diese Perspektiven und Zielvorstellungen, die die
Erziehung des Emile bestimmen werden.

Dass die wahre Übereinstimmung des Menschen mit sich selbst
ihren Ort jenseits von Gesellschaft, Vernunft und Religion hat, dass
diese Übereinstimmung mit sich selbst in ihrem strikten Sinne
dann gegeben ist, wenn das Verhältnis zu sich selbst ein unmittelbares, nicht durch andere Menschen vermitteltes ist – dieser Be-

zugspunkt für eine Kritik an der Entfremdung des Menschen bringt nun aber gewisse Schwierigkeiten mit sich. Allgemein formuliert ergeben sich diese Schwierigkeiten daraus, dass die Kritik Rousseaus nicht mehr auf inhaltliche Kriterien zurückgreifen kann. Der Mensch kann sich nicht mehr an einer gerechten Gesellschaft orientieren, sondern umgekehrt kann nur diejenige Gesellschaft als gerecht gelten, in der der Mensch mit sich selbst übereinstimmt: Dies wird die Grundannahme des »Gesellschaftsvertrags« darstellen. Der Mensch kann sich nicht an einem allgemein gültigen Vernunftprinzip orientieren, das seine Kritik an der Gesellschaft begründen könnte; die Vernunft bildet eher einen funktionalen Bestandteil im Rahmen seiner Übereinstimmung mit sich selbst. Und auch religiöse Vorschriften gelten nur insoweit, als sie geliebt werden und also einen Bestandteil der Übereinstimmung des Individuums mit sich selbst abgeben. Die Kriterien, die sich an einer gerechten Gesellschaft orientieren, allgemeine Vernunftregeln behaupten oder auf religiöse Gewissheiten zurückgreifen, können für Rousseau keine verbindlichen Kriterien für das Individuum darstellen. Dies ist deshalb nicht möglich, weil sie als solche das alleinige Kriterium des Mit-sich-identisch-Seins immer schon an von außen vorgegebene Maßstäbe binden würden. Was gesellschaftlich als gerecht, vernünftig und moralisch akzeptierbar sein soll, muss sich umgekehrt am Maßstab formaler (nicht inhaltlich vorgegebener) Übereinstimmung des Menschen mit sich selbst messen lassen.

Man könnte die Schwierigkeiten, denen sich der Gesellschafts- und Vernunftkritiker Rousseau gegenübersieht, gleichsam auf zwei unterschiedlichen Ebenen ansiedeln. Auf einer ersten Ebene wäre zu fragen, wie denn ein unmittelbares Selbstverhältnis, eine nicht durch Gesellschaft und Vernunft vermittelte Übereinstimmung des Individuums mit sich selbst, überhaupt zu denken ist. Was ist das natürliche Individuum jenseits von Gesellschaft und Vernunft? Ist so etwas empirisch überhaupt vorstellbar, wenn wir doch immer schon Menschen unter gesellschaftlichen Bedingungen und als urteilende Wesen vor uns haben? Die letzte Frage leitet bereits zur zweiten Ebene über: Ist nicht der »natürliche Mensch« selbst nur

eine interessierte Konstruktion im Lichte der befürworteten formalen Identitätskonzeption und muss nicht zur Begründung dieser
Konstruktion auf Vernunft zurückgegriffen werden? Müsste eine
solche Vernunft nicht gegenüber der kritisierten Vernunft begründet werden? Es ist die Frage nach der Legitimität des Kritikers: Verfällt seine ebenfalls aus einer Aufklärungsperspektive unternomme-
ne Kritik nicht selbst dem, was er kritisiert? Ist diese Kritik nicht
aus einer Eitelkeit geboren, die diejenige der kritisierten Wissen-
schaftler und Künstler noch übertrifft? Ist Rousseau nicht noch
ehrgeiziger als die von ihm Kritisierten und geht es ihm, wenn er
schon als Schriftsteller tätig ist, nicht auch nur um die Anerkennung durch die anderen? Ist er also nicht mindestens so abhängig
von der Meinung anderer wie diejenigen, die er kritisiert?[2]

Rousseau ist angesichts dieser Fragen, die bereits in den ersten
Reaktionen auf seine Preisschrift auftauchten, in einer hoffnungs-
losen Weise konsequent.[3] Hätte er diese Preisschrift nicht ver-
öffentlicht, hätte es diese Anfragen nach dem Standort des Autors
Rousseau nicht gegeben. Nun, da es passiert ist, bleibt ihm nur die
Flucht nach vorne. Diese kann für einen Autor, der für eine Positi-

2   Genau diese Fragestellung beschäftigt auch die »Kritische Theorie«
    Frankfurter Provinienz. Das Problem des Standpunktes des Gesell-
    schaftskritikers, der doch selbst Mitglied der kritisierten Gesellschaft
    ist, führt hier zur Notwendigkeit einer Überbietung der Kritik durch
    Selbstkritik. Auf die Nähe Horkheimers und Adornos zu den Schriften
    Foucaults soll nur hingewiesen werden. Auch Foucault bemüht sich zu
    zeigen, dass das der Gesellschaft kritisch gegenüberstehende Subjekt
    selbst ihr noch zugehört: ein Effekt ihrer Disziplinierungs- und Nor-
    malisierungsprozesse ist.
3   Vgl. hierzu ausführlicher Schäfer 1992. Hier liegt nach meiner Über-
    zeugung eine aus der Werkgeschichte selbst resultierende, d.h. syste-
    matisch rekonstruierbare Notwendigkeit für den Autor Rousseau, die
    theoretische Legitimation seines Ansatzes mit der Aufrichtigkeit seiner
    Person zu verknüpfen. Dass er beides schließlich selbst nicht mehr so
    richtig auseinander zu halten vermag, zeigt die Spätschrift: »Rousseau
    richtet über Jean-Jacques« von 1776 auf eine eindrückliche und zu-
    gleich beängstigende Weise.

on jenseits von Gesellschaft und Vernunft plädiert, weder in Maßstäben gesellschaftlicher Richtigkeit noch in einer diskursiven Vernunft bestehen, die ihren Standpunkt mit Argumenten zu erhärten versucht. Was bleibt, ist der Rückzug des Autors Rousseau auf jenen Standpunkt der Identität mit sich selbst, den er als natürlichen Maßstab des Menschlichen in Anschlag gebracht hat.

So sieht er sich zunächst gezwungen, angesichts seines Lobes der Unwissenheit und seiner Kritik des Bücherwissens die eigene Beschäftigung mit Wissensbeständen zu rechtfertigen:

> »*Ich will mich nicht, wie viele andere, damit verteidigen, dass unsere Erziehung nicht von uns abhängt und dass man uns nicht fragt, wenn man uns vergiften will: ich habe mich selbst aus freien Stücken den Studien ergeben, und als ich gewahr wurde, welche Unruhe in meiner Seele durch sie entstand, ohne dass jedoch mein Verstand etwas dabei gewonnen hätte, so habe ich sie von ganzem Herzen wieder verlassen. Ich will nichts mehr von einer trügerischen Beschäftigung wissen, wo man vieles für die Weisheit zu tun glaubt, aber alles für die Eitelkeit tut.*« (BR: 72 Anm.)

Man könnte meinen, Rousseau habe einen Irrtum begangen, den er nun korrigieren würde: Man könnte erwarten, dass er nun – nach dem 1751 an den Abbé Raynal geschriebenen Brief – konsequent sein: und das heißt, schweigen wird. Aber so einfach ist das nicht. In der »letzten Antwort an Bordes« von 1752 kommt eine innere Stimme dem Autor zu Hilfe, die erklärt, warum er, obwohl er sich dafür nach eigener Ansicht schämen müsste, doch nicht anders kann, als sich der Welt mitzuteilen:

> »*Ich schäme mich wirklich, dass ich all dieses weiß und dass ich mich gezwungen sehe, es zu sagen.*« (AB: 122) »*Die Redlichkeit ist dem rechtschaffenen Manne noch lieber als die Gelehrsamkeit den Gelehrten. Was habe ich also zu befürchten? … Da ich nach meiner natürlichen Einsicht die Wahrheit behauptet habe, so bleibt mir, wie immer auch mein Erfolg sein mag, eine Belohnung, und diese werde ich im Innersten meines Herzens finden.*« (D1: 31)

Um mit sich als rechtschaffenem Menschen übereinzustimmen, muss der Autor das sagen, was er für wahr hält. Rousseau geht nicht so weit, die alleinige Wahrheit für sich zu reklamieren und damit jenen Standpunkt der Vernunft einzunehmen, den er kritisiert hat. Der Standpunkt, den er für sich beansprucht, ist eben jener der Übereinstimmung mit sich selbst, den er im Ersten Diskurs als Zielvorgabe einer formalen Identität in Anschlag gebracht hat:

> *Vitam impendere vero lautet die Devise, die ich mir gewählt habe und deren ich mich würdig fühle. Leser, ich kann mich selbst täuschen, aber euch kann ich niemals willentlich täuschen. Fürchtet meine Irrtümer, nicht meine böse Absicht. Die Liebe zum Gemeinwohl ist die einzige Leidenschaft, die mich zum Publikum sprechen lässt.«* (BA: 469 Anm.)

Die Übereinstimmung des Autors mit sich selbst, seine Natürlichkeit, erlaubt ihm auch Aussagen, die nicht auf das Lesen von Büchern oder gelehrte Dispute zurückgehen, sondern auf unmittelbare Einblicke in die Natur selbst:

> *Höre mich, o Mensch, aus welcher Weltgegend du immer seist und welche Meinung du auch hegst. Höre deine ganze Geschichte! Ich habe sie nicht in den Büchern deiner Brüder aufgesucht, die alle lügen, nein, in der Natur selbst, die niemals trügt, habe ich sie gelesen.«* (D2: 193)

Im direkten Lesen in der Natur verschwindet der Autor Rousseau: Es ist unmittelbar die Natur, die durch ihn spricht, die seine Feder führt. Es ist seine Wahrhaftigkeit, seine Aufrichtigkeit und seine Redlichkeit, die zwar nicht die Wahrheit des von ihm Gesagten garantiert; aber mit diesen Charaktereigenschaften steht er als Modell für die von ihm selbst postulierte Natürlichkeit eines Menschen, der mit sich selbst identisch ist. Als ein solcher Autor, als Medium der Natur, darf er nicht mit den »normalen«, den wegen ihrer Eitelkeit kritisierten Schriftstellern verwechselt werden. Der Autor Rousseau ist – wie er in seiner groß angelegten Rechtfertigungsschrift »Rousseau richtet über Jean-Jacques« schreibt – selbst Bewohner einer idealen Welt (vgl. JJ: 269), der deshalb tugendhaft ist, weil er an die unmittelbare Gegenwart, an die Präsenz, gebunden ist (vgl. ebd.: 482). Er ist gar nicht in der Lage, strategisch die Zukunft einzuplanen und damit zweckrational zu handeln: etwa zu schmeicheln, um seine Eitelkeit durch zukünftige Anerkennung zu befriedigen.

Dass die Rechtfertigung von Aussagen über einen idealen Menschen, dessen Identität mit sich selbst, dessen Glück und Natürlichkeit jenseits von Gesellschaft und Vernunft angesiedelt werden, durch die Rechtfertigung des Autors dieser Aussagen geschieht, die wiederum nur dadurch erfolgen kann, dass sich der Autor mit seinem inhaltlichen Entwurf dieses Menschen identifiziert – diese doppelte Begründungsproblematik durchzieht die Werke Rousseaus. Es macht sie schwer zugänglich. Die Verbindung beider Rechtfertigungsebenen hat einige Interpreten dazu geführt, die objekttheoretischen Aussagen, also die anthropologische, pädagogische und politische Theorie Rousseaus, als bloßen Ausfluss einer übersteigerten Persönlichkeitsproblematik Rousseaus selbst anzusehen. Auch wenn einiges für eine solche Interpretation sprechen mag, scheint es doch sinnvoll, von den systematischen Problemen auszugehen, in die sich ein Kritiker der Aufklärung, der von einer modernen Konzeption des Menschen ausgeht, verwickelt. Es sind diese Schwierigkeiten, die das Rechtfertigungsproblem, die Begründung der eigenen Position, so schwierig machen. Es sind zugleich diese Schwierigkeiten, die Rousseau dazu führen werden, eine Lösung seines Problems nicht in erkenntnistheoretischen oder philosophischen Überlegungen zu suchen, sondern in einem pädagogischen Modell. Dieses Modell soll die reale Möglichkeit des natürlichen Menschen unter sozialen Bedingungen vorführen und damit zugleich zeigen, dass die Position des Kritikers Rousseau nicht unvorstellbar ist.

Man wird aber vermuten können, dass sich auch in seiner pädagogischen Perspektive die erwähnten Schwierigkeiten finden lassen. An ihnen, d.h. am Problem des Verhältnisses von Fremd- und Selbstbestimmung sowie an der Frage der Legitimität einer natürlichen Erziehung, die doch auch immer schon ein soziales Verhältnis ist, wird sich die Erziehungstheorie Rousseaus abarbeiten müssen. Eine solche Erziehungstheorie stellt sich dem Problem einer modernen und zugleich aufklärungskritischen Anthropologie und ihrer Begründbarkeit.

Deren Problematik zeigt sich schon in den zentralen Begrifflichkeiten. Daher sollen zunächst die beiden aufeinander verweisenden, aber dennoch unterschiedlichen Konzepte der »formalen Identität« und der »Natur« betrachtet werden. Die Bestimmung beider Konzepte ist bei Rousseau nicht gerade eindeutig. Dies liegt nicht zuletzt daran, dass sie im Rahmen seiner Theorie verschiedene – auch jeweils unterschiedliche – Aufgaben zu erfüllen haben und dass nicht zuletzt ihr gegen die vorfindliche Wirklichkeit gerichteter Charakter die Grenze zum Imaginären verwischt. Die »formale Identitätskonzeption« bildet den Bezugspunkt für die Rede von der »Entfremdung« in der Gesellschaft; den Ort, an dem diese Identität mit sich selbst gelingt, sieht Rousseau im »Naturzustand«: Dieser gibt gleichsam die objektiv realisierte Möglichkeit und damit die Begründung für die Rede von der Identität mit sich selbst an.

Die kritische Funktion dieser Konzepte, ihr zwischen Utopie und Realitätsbehauptung schwankender Charakter, hat schließlich auch Auswirkungen auf die Methode, mit der sich Rousseau einer mithilfe dieser Konzepte erfassten Wirklichkeit zu nähern versucht.

Bevor daher die Erziehungskonzeption des »Emile« dargestellt wird, sollen zunächst die Vorstellungen Rousseaus zur »formalen Identität« und zur »Natur« untersucht werden sowie die daraus resultierende Methode einer »kontrafaktischen Rekonstruktion«, die sich ihres fiktiven Charakters bewusst ist.

2. Das theoretische Werkzeug Rousseaus

2.1 »Formale Identität«

Es wurde betont, dass es gerade die Orientierung an einem formalen Identitätskonzept ist, die den Kritiker der Moderne auf eben diese Moderne selbst verpflichtet. Die Kritik an der Aufklärung und ihrer Vorstellung eines sich selbst über Vernunft bestimmenden Menschen setzt die Vorstellung eines nur mit sich (und nicht mit irgendwelchen gesellschaftlichen oder für vernünftig gehaltenen Vorgaben) identischen Menschen voraus.[1] Eine formal definierte Identität, verstanden als eine Übereinstimmung mit sich selbst, legt den Maßstab für den Menschen in diesen selbst. Nicht die Übereinstimmung mit gesellschaftlichen Erwartungen oder vorgegebenen sozialen Identitäten, Rollen oder Positionen gibt das Richtmaß für den Einzelnen vor; ebenso wenig lässt sich auf jeder Bezweifelbarkeit entzogene moralische Gesetze oder Vernunftwahrheiten rekurrieren, um den Einzelnen in seinem Sein in die Pflicht zu nehmen. Es ist die formal als Sich-selbst-Gleichheit aufgefasste Identität, die den Menschen zum »Menschen« im neuzeitlichen Verständnis macht: zu einer von allen vorgegebenen sozialen, religiösen und moralischen Erwartungen unabhängigen Instanz, die

---

1 Dass diese Vorstellung einer in sich selbst gründenden Autonomie alles andere als einfach zu erfassen ist, zeigt sich spätestens mit den Kritiken Kants und den Problemen einer transzendentalphilosophischen Begründung der Stellung des Subjekts jenseits der sozialen Eingebundenheit. Foucaults bekannte und häufig missverstandene Aussage über das Ende des »Menschen« bezieht sich genau auf diese Bemühungen, dem Menschen einen sich selbst begründenden Ort jenseits seiner sozialen Vermitteltheit zuzuweisen (vgl. Foucault 1974, Kapitel 9).

ihre Würde darin erhält, dass sie sich in eben dieser Unabhängigkeit zu solchen Erwartungen verhält.

Ein formales Identitätskonzept gewinnt seine theoretische Sprengkraft gerade dadurch, dass es inhaltliche Vorgaben für eine adäquate Identität zurückweist, die nicht vom Individuum selbst getroffen werden. Dies ist nicht nur in dem Sinne zu verstehen, dass im Prozess der Identitätsfindung keine inhaltlichen Festlegungen von außen getroffen werden dürfen. Eine solche Vorgabe hat direkte Auswirkungen auf das, was sich dann noch sinnvoll unter Erziehung verstehen lässt. Mit ihr ist für die neuzeitliche Diskussion die Grenze jeden pädagogischen Eingriffs definiert: Man darf Kindern nicht mehr aufoktroyieren, wer sie sein sollen; man soll es ihnen (wie auch immer) ermöglichen, diese Wahl (irgendwann) selbst zu treffen. Anders formuliert: Pädagogische Eingriffe sind unter der Voraussetzung eines formalen Identitätskonzepts nur so lange begründungsfähig, wie sie die Selbstbestimmung des Kindes fördern. Für diesen Selbstbestimmungsprozess hat sich in der pädagogischen Diskussion seit Rousseau (und wohl auch nicht ganz unabhängig von ihm) ein anderer Begriff durchgesetzt: derjenige der Bildung, der eigentlich nur noch als Selbst-Bildung sinnvoll verwendbar erscheint. Das, was Rousseau daher auch im Emile vorlegt, ist der Versuch, einen pädagogisch verantworteten Selbstbildungsprozess zu beschreiben. Ob es eine »natürliche«, d.h. nicht von außen gesteuerte Selbstbildung des Individuums gibt, die trotzdem als pädagogisch gelenkte und verantwortete verstanden werden kann – dies ist die Frage, auf die Rousseau im »Emile« zu antworten versucht.[2]

2 Was Rousseau hier zusammenzubringen versucht, wird in der weiteren Geschichte der Pädagogik auseinander fallen. Schon die neuhumanistische Bildungstheorie Humboldts ist keine Theorie pädagogischen Handelns mehr. Seit Humboldt beschreibt die Bildungstheorie das Wechselverhältnis von Individuum und Welt als einen Erfahrungsprozess, in dem sich das Individuum gewinnt, weil es sich zunächst der Welt überlässt. Eine solche Konzeption von Bildung steht quer zu jedem Versuch einer steuernden Einflussnahme des Pädagogen, der sich von Zielen leiten lässt, die *er* für sinnvoll hält. Insofern ist nicht ver-

Die theoretische Sprengkraft des Konzepts der formalen Identität ist auch noch in einem anderen, ebenfalls für die Pädagogik bedeutsamen Sinne zu verstehen. Es setzt die Verabschiedung zweier anderer Modelle des Selbstbildungsprozesses voraus, die durchaus auch bis heute eine gewisse Anziehungskraft bewahrt haben. Das erste dieser Modelle könnte man das »Kopie-Modell« nennen. In diesem Modell geht man von einem Original als einem normativen Leitbild aus und wünscht sich, dass die zu bildenden Identitäten Kopien dieses Originals werden sollen. Dies gilt auch dann, wenn das – wie etwa in der Lehre von der Ebenbildlichkeit Gottes – nicht als möglich angesehen wird. Ein solches Modell ist noch zu verbinden mit einem transitiven Bildungsbegriff, also mit der Vorstellung, dass man den anderen Menschen zu etwas (aktiv) bilden könne und moralisch dies auch tun müsse.

Das zweite der Modelle, die mit einem formalen Identitätskonzept zurückgewiesen werden, kann ebenfalls mit einer metaphysischen Auffassung vom eigentlichen Wesen des Menschen verbunden sein. Es ist aber auch jenseits einer allgemeinen Auffassung vom Menschen mit Bezug auf das konkrete Individuum angebbar. Es handelt sich um eine teleologische Auffassung, nach der sich die Identität des oder eben auch eines konkreten Menschen auf ein Ziel hin entwickelt, das diesem Menschen gleichsam »einprogrammiert« ist. Die Sinnbestimmung seiner Existenz ist dem (einzelnen) Menschen vorgegeben und man könnte dann von einem »natürlichen Entwicklungsprozess« sprechen, wenn ihm die Umwelt erlaubt, diese Sinnbestimmung zu entfalten. Diese Sinnbestimmung einer sich entfaltenden Substanz geht wohl auf Aristoteles zurück. Für ihn band sich noch unproblematisch die Erfüllung der Sinnbestimmung des Individuums an die Vervollkommnung der Polis, des politischen Gemeinwesens. Heute kann man vielleicht

wunderlich, dass »Bildung« eine Konzeption darstellt, die zur Kritik einer wie auch immer gefassten pädagogischen Handlungstheorie verwendet werden kann. »Bildung« und »Erziehung« stehen damit in einem Spannungsverhältnis, welches Rousseau einerseits als Erster (implizit) aufzeigt und andererseits aufzulösen versucht.

grob zwei unterschiedliche Vorstellungen unterscheiden. Die erste bindet die Sinnbestimmung allgemein an den Menschen und arbeitet mit allgemeinen Vorstellungen, wie etwa derjenigen einer operativen Intelligenz oder einer moralischen Urteilskraft im Sinne Piagets oder Kohlbergs. Diese Kompetenzen sind stufenförmig im Rahmen eines »natürlichen Entwicklungsmodells« ausgelegt und erst das Erreichen der höchsten Stufe ist das, was den Menschen erst im vollen Sinne des Wortes zum Menschen macht. Eine zweite Richtung bindet die Sinnbestimmung, um deren Entfaltung es gehen soll, an den einzelnen Menschen. Es geht dann um die Ausformung der individuell gegebenen Anlagen: um ein Sich-selbst-Finden im Sinne des Findens dessen, was in einem selbst immer schon lag – in einer »Teleologie des Seelenlebens.« (Dilthey).[3]

Obwohl manche Passagen bei Rousseau so klingen mögen und obwohl in seiner pädagogischen Rezeption (wie etwa in reformpädagogischen Ansätzen) diese Perspektiven an Bedeutung gewonnen haben, so ist doch festzuhalten, dass Rousseau an entscheidenden Stellen an jenem Prinzip festhält, das für die formale Identitätskonzeption entscheidend ist: demjenigen der inhaltlichen Offenheit

---

3 Gerade diese letzte Variante, die von einer dem Individuen innewohnenden Bestimmung ausgeht, ist bis heute in sich als »alternativ« oder »antipädagogisch« verstehenden Ansätzen gegeben. Auch solche metaphysischen Konstruktionen dienen dazu, das Rechtfertigungsproblem zu lösen. Wenn man um die Bestimmung des Einzelnen weiß, wenn man glaubt (mit Dilthey oder Montessori), sie aus seinen Äußerungen erschließen zu können, dann weiß man auch, wohin es mit dem Individuum gemäß seiner eigenen Bestimmung gehen soll. Wenn man es nicht weiß oder wissen kann, aber dennoch von einer solchen Bestimmung ausgeht, dann bleibt nur eins: Man muss sich aus der »Erziehung« heraushalten.
Diese Probleme hat man nicht, wenn man etwa mit Piaget oder Kohlberg von allgemeinen und notwendigen Entwicklungsstufen ausgeht, die jeder Mensch zu durchlaufen hat. Dann kann man sich als Pädagoge als Geburtshelfer eines ohnehin ablaufenden »natürlichen« Prozesses verstehen, der zugleich sinnvoll ist – endet doch die Entwicklung in jener aufklärerischen Vorstellung vom autonomen Subjekt.

der Identität mit sich selbst. Die Offenheit dessen, was man ist und
wird, ist das Gegenprinzip zu jeder teleologischen Schließung der
Möglichkeiten von Identität. Die Offenheit stellt jede teleologische
Behauptung unter den Verdacht einer bloßen metaphysischen Behauptung.

> *»Wir wissen nicht, was die Natur uns zu sein erlaubt.«* (E: 156)

Den Identitätsentwurf an eine Teleologie, an die Logik der Entwicklung einer vorgegebenen Substanz zu binden, würde bedeuten,
die mit der modernen Konzeption einer nur formal angebbaren
Identität verbundene Offenheit der Möglichkeiten des Menschen
zu verabschieden. Dazu ist zumindest Rousseau nicht bereit.

Andererseits – und dies ist der Grund, warum in den Augen
Rousseaus der Selbstbildungsprozess des Emile pädagogisch gesteuert werden muss – ergibt sich mit einem nur formal als Übereinstimmung mit sich selbst verstandenen Identitätskonzept ein
Problem. Zwar kann man vielleicht noch die Selbstentfremdung eines Menschen kritisieren, der in den Augen der anderen nur einen
bestimmten Eindruck erzeugen will, den er selber für nicht zutref-
fend hält. Schwieriger wird es aber dann, wenn man es etwa mit einem überzeugten Übeltäter zu tun hat. Nimmt man etwa die Hel-
den des Marquis de Sade als Beispiel, die die Befriedigung ihrer se-
xuellen Lust über jede Moral stellen und bereit sind, zu deren
Steigerung auch Morde in Kauf zu nehmen, so lassen sich diese
Personen durchaus im Sinne des Modells einer formalen Übereinstimmung mit sich selbst verstehen: Sie sagen, was sie meinen, und
handeln so, wie sie reden. Darüber hinaus sind sie auch mit der
Macht ausgestattet, die notwendig ist, ihre Wünsche mithilfe ihrer
Fähigkeiten zu befriedigen. Das Problem einer formalen Identitätskonzeption besteht also – abgekürzt formuliert – im »aufrichtigen
Mörder«. Dieses Problem ist nicht zu unterschätzen. Es dadurch
lösen zu wollen, dass man die formale Identität doch noch an inhaltliche Normen oder moralische Minimalstandards bindet, würde bedeuten, dass man das formale Konzept der Identität selbst
aufgibt. Dessen Radikalität ergibt sich ja gerade daraus, dass es an

keine inhaltlichen Vorgaben gebunden wird, dass es das Individuum auf sich selbst verweist, wenn es um Normen oder ethische Vorgaben geht. Nur so kann ja der Mensch den Standpunkt jenseits der Gesellschaft, der Vernunft und ethisch-religiösen Vorgaben gewinnen.

Rousseaus Lösungsweg besteht nicht – wie etwa in der späteren Antwort Humboldts auf das gleiche Problem – im Verweis auf die Metaphysik einer prästabilisierten Harmonie, in der alles bereits von vorneherein so geordnet ist, dass niemand dem anderen schadet und schaden will. Rousseaus Antwort heißt Präsenz. Präsenz in seinem Sinne bedeutet so viel wie die unmittelbare Einheit mit sich selbst: unmittelbar als nicht sozial vermittelt, nicht im Verhältnis zu sich selbst von der Übernahme sozialer Perspektiven abhängig, aber auch nicht – zumindest nicht in ihrer reinen Form – durch Reflexion oder Einbildungskraft gebrochen. Präsenz ist das entscheidende Charakteristikum des »Naturzustandes«, den Rousseau im Zweiten Diskurs über die Entstehung der Ungleichheit unter den Menschen einführt. Der »natürliche«, d.h. der vorgesellschaftliche Mensch lebt nur in seiner unmittelbaren Gegenwart, in der sich unmittelbar gefühlte Bedürfnisse und deren Befriedigung kurzschließen. Er hat keine sozialen Beziehungen – außer solchen, die auf Bedürfnisbefriedigung zielen und direkt nach dieser wieder zerfallen, deren Kriterium also selbst die Unmittelbarkeit ist.

»Lasst uns daher schließen, dass der wilde Mensch, der in den Wäldern umherirrt ohne Fertigkeiten, ohne Sprache, ohne Wohnhaus, ohne Krieg und ohne Verbindung, ohne seinesgleichen zu bedürfen, ihnen Übles zuzufügen, dass ein solcher Mensch, sage ich, der wenig Leidenschaften unterworfen ist und an sich selbst genug hat, keine anderen Empfindungen und Einsichten haben könne, als die sich für seinen Zustand schicken, dass er nichts anderes als seine wahren Bedürfnisse fühlt, auch nichts anderes betrachtet, als wovon er glaubt, dass es ihn angehe, und dass endlich sein Verstand nicht weiter fortschreitet als seine Eitelkeit.« (D2: 225)

Rousseau weiß, dass ein solcher Zustand einer unmittelbaren Präsenz eigentlich ein tierischer Zustand ist, dennoch bildet er für ihn einen Zustand des Glücks und die eigentliche Leitlinie für das Leben in der Gesellschaft, das sich diesem Zustand nur anzunähern vermag. Auch für das Leben in der Gesellschaft gilt die Maxime:

> »*Wer sich selbst genug ist, will keinem anderen schaden, wer es auch sein mag.*« (JJ: 402)

Persönliches Unglück resultiert aus dem Missverhältnis von Bedürfnissen und Fähigkeiten. Derjenige, dessen Wünsche die Möglichkeit zu ihrer Befriedigung übersteigen, ist unglücklich. Derjenige, dessen Fähigkeiten seine Wünsche übersteigen, ist ebenfalls unglücklich, weil er seine Möglichkeiten nicht ausschöpfen kann und daher nicht mit sich im Gleichgewicht ist. Beim »natürlichen Menschen« stimmt beides überein, weil die Einbildungskraft als jenes Vermögen, welches mit seinen Fantasien die Bedürfnisse über seine Fähigkeiten hinaus vermehrt, noch nicht funktioniert. Der Mensch will nur das, was er in der Lage ist, augenblicklich zu erreichen. Da seine Erinnerung ebenfalls noch nicht arbeitet, ist er nicht in der Lage, eine komplexe psychische Struktur oder Dispositionen aufzubauen – Fähigkeiten, denen die Wünsche in ihrer Komplexität »nachwachsen« müssten. Für den »natürlichen Menschen gilt jene Präsenz, die Rousseau auch für sich selbst reklamiert:

> »*Solange er allein ist, ist er glücklich, und wenn das Schauspiel des Hasses ihn verwundet oder Verachtung und Gespött ihn unwillig machen, so ist das eine vorübergehende Regung, die in dem Augenblick aufhört, in dem der Gegenstand, der sie erregt, verschwunden ist. Seine Gefühlswallungen sind schnell und lebhaft, aber flüchtig und ohne Dauer, und das zeigt sich deutlich. Sein gleich einem Kristall durchsichtiges Herz kann nichts von dem verbergen, was in ihm vorgeht, jede Regung, die in ihm aufsteigt, teilt sich seinem Auge und seinem Gesicht mit.*« (JJ: 484)

Wenn Reden und Handeln auseinander fallen, wenn das eigene Tun nicht dem vorher Gesagten entspricht, bedeutet dies für Rousseau nicht nur, dass nun der Schein und damit die Abhängigkeit von anderen Menschen in den Vordergrund rückt; für ihn ist ein solches Auseinanderfallen vielmehr »menschenunwürdig« (J: 378)

Naturzustand und gesellschaftliches Leben der Individuen scheinen sich – zumindest, was das Glück des Menschen angeht – am gleichen Ideal der Präsenz zu orientieren. Daher ist es nicht verwunderlich, wenn Rousseau in beiden Fällen die formale Identität von Wollen und Können zum Bezugspunkt der Freiheit macht:

>*»Der wahrhaft freie Mensch will nur, was er kann, und tut nur das, was ihm gefällt.«* (E: 195)

Die unmittelbar gegebene Präsenz, das individuelle Glück und die wahrhafte Freiheit fallen damit als Prädikate des Mit-sich-selbst-identisch-Seins zusammen. Nur in einem ausbalancierten Verhältnis von Wünschen und Fähigkeiten, in der Identität mit sich selbst, ist der Mensch zugleich auch frei und glücklich. Formale Identität als Übereinstimmen von Wollen und Können ist umso vollkommener gegeben, je unmittelbarer diese Übereinstimmung erfolgt – je weniger vermittelt und verfälscht durch soziale Beziehungen, die soziale Verwendung der Sprache, die produktive Funktion der Einbildungskraft oder das reflektierte Urteil. Je unmittelbarer diese Übereinstimmung gegeben ist, desto glücklicher ist der Mensch, weil er nicht an der sozial zu erkämpfenden Möglichkeit leidet, Bedürfnisse und Fähigkeiten in ein angemessenes Verhältnis bringen zu müssen. Ein solcher Kampf im Rahmen sozialer Abhängigkeiten würde auch seine Freiheit beeinträchtigen: Er könnte dann eben nicht mehr tun, was er will, sondern müsste mit seinen Abhängigkeiten von anderen ringen.

>*»Worin besteht also die menschliche Weisheit oder der Weg zum wahren Glück? Nicht eigentlich darin, unsere Wünsche einzuschränken; denn hielten sie sich unterhalb der Grenze unseres Vermögens, so bliebe ein Teil unserer Fähigkeiten ungenutzt und*

> *wir gelangten nicht zum vollen Genuss unseres Daseins; noch we-*
> *niger darin, unsere Fähigkeiten auszuweiten; denn wüchsen zu-*
> *gleich unsere Wünsche in höherem Maße, so würden wir dadurch*
> *nur noch elender. Also gilt es, das Übergewicht der Wünsche über*
> *die Fähigkeiten zu vermindern, Vermögen und Willen in vollkom-*
> *menes Gleichgewicht zu setzen. Dann allein, wenn alle seine Kräf-*
> *te tätig sind und seine Seele dennoch in Frieden ist, ist der Mensch*
> *wohl geordnet.«* (E: 187f.)

Man wird nun aber davon ausgehen müssen, dass die Unmittelbarkeit der Übereinstimmung von Wünschen und Fähigkeiten, wie sie
für Rousseau den Naturzustand kennzeichnet, sich von einem
Gleichgewicht unterscheidet, das angesichts von Gesellschaftlichkeit, Sprache, Einbildungskraft und Vernunft immer prekär bleibt.
Die unmittelbare Präsenz mag zwar auch unter solchen gesellschaftlichen Bedingungen den Maßstab abgeben, ist aber doch zugleich etwas, das nun errungen sein will – das zumindest von Bedingungen abhängt.[4] Hier setzt – noch bevor Rousseau im »Emile«
die Möglichkeit der Präsenz unter gesellschaftlichen Bedingungen
gleichsam ontogenetisch erläutert – das ein, was man seine Anthropologie nennen könnte.

---

4   An dieser Stelle ist die – in der Diskussion um Rousseau bisher kaum
    zur Kenntnis genommene – Auseinandersetzung Derridas mit Rous-
    seau zu erwähnen. In seinem Werk »Grammatologie« (1967) bemüht
    sich Derrida, in einer breit angelegten Rezeption Rousseaus zu zeigen,
    dass dessen Verhaftetsein an die Leitvorstellung der Präsenz Rousseau
    dazu führt, immer neue »Supplemente« für das einzuführen, was es
    unter den Bedingungen der Sprache nicht mehr gibt: Präsenz im Sinne
    der unmittelbaren Einheit von Äußerndem und Äußerung.

2.2 Das anthropologische Modell

Rousseaus Anthropologie ist eine Anthropologie der Ambivalenz. Sie schwankt zwischen zwei Positionen, ohne sich für eine von beiden entscheiden zu können. Einerseits besteht sie auf der Möglichkeit und Notwendigkeit einer natürlichen Unmittelbarkeit; andererseits berücksichtigt sie die Notwendigkeit einer sozialen Existenz, die den Menschen erst über die tierische Existenz erhebt, für die aber Vernunft, Urteil und Abhängigkeiten kennzeichnend sind.

Es wurde bereits gesagt, dass Rousseau darum weiß, dass es eine unmittelbare Präsenz eigentlich nur dort gibt, wo man noch gar nicht vom »Menschen« sprechen kann, wo der Mensch in den Kreislauf von physischen Bedürfnissen und ihrer direkten Befriedigung eingespannt und also »Tier« ist. Um vom Menschen in Abgrenzung zum Tier sprechen zu können, ist daher eine zusätzliche Qualität gefordert. Für Rousseau markiert diesen Unterschied zwischen Tier und Mensch die Freiheit.

> »Ich sehe in einem jeden Tiere nichts als eine kunstvolle Maschine, welche die Natur mit Sinnen begabt hat, um sich selbst aufzuziehen und gewissermaßen vor allem bewahren zu können, was sie zu verderben oder in Unordnung zu bringen droht. In der menschlichen Maschine werde ich dasselbe gewahr. Der Unterschied ist nur dieser: bei den Verrichtungen der Tiere muss die Natur alles wirken, während der Mensch als ein freihandelndes Wesen zu seinen Verrichtungen vieles beiträgt. Jene wählen und verwerfen aus bloßem Instinkt, dieser aus Freiheit. Daher kann das Tier von der Regel, die ihm vorgeschrieben ist, und sollte es ihm auch nützlich sein, niemals abweichen: der Mensch hingegen weicht oft zum Nachteil davon ab.« (D2: 203)

Freiheit ist identisch mit Ambivalenz: Sie bedeutet die Möglichkeit, die tierische Unmittelbarkeit zu verlassen – sowohl zum eigenen Nutzen wie auch zum eigenen Schaden. Sie bedeutet für Rousseau ebenso eine Gefahr wie ein Geschenk: die Möglichkeit des Men-

schen zur eigenen Vervollkommnung.[5] Damit zieht er neben die
unmittelbare Präsenz einen zusätzlichen Maßstab ein: Die Vervollkommnung kann nur in der Entfernung von eben jener tierischen
unmittelbaren Präsenz stehen. Vervollkommnung ist gebunden an
die Entwicklung von Vermögen wie Einbildungskraft, Sprache,
Vernunft – also von Vermögen, die den Menschen von der unmittelbaren Präsenz entfernen. Dennoch hält Rousseau auch unter
diesen Bedingungen an der Leitvorstellung einer unmittelbaren
Präsenz fest.

Die positive Akzentuierung des Entwicklungsgedankens findet
sich bereits im Zweiten Diskurs, in dem es primär um eine Verfalls-
betrachtung der menschlichen Geschichte bezogen auf das Glück
des Naturzustandes zu gehen scheint. Positiv ist die Betonung des
Entwicklungsgedankens nur gegenüber der scheinbar einzigen
Möglichkeit des Glücks: der unmittelbaren Präsenz. Gegenüber
dieser (tierischen) Präsenz, die der Zweite Diskurs ebenfalls vorführt, wird als das den Menschen Auszeichnende eben die Entwicklungsmöglichkeit seiner Fähigkeiten gesetzt. Die Entwicklung
selbst aber ist für Rousseau eben nicht schon als solche positiv:
Vervollkommnung ist kein natürlich ablaufender Prozess. Sie kann
scheitern und die Möglichkeit des Scheiterns erscheint Rousseau
wahrscheinlicher als diejenige des Gelingens.

Deshalb baut Rousseau im Zweiten Diskurs noch so etwas wie
eine der Entwicklung vorgelagerte und durch sie nicht zerstörbare
Sicherung ein. Diese soll das Gelingen der Vervollkommnung zumindest als möglich erscheinen lassen. Er geht davon aus, dass
dem Menschen von vorneherein und unzerstörbar zwei Grund-
empfindungen zu Eigen sind. Dabei handelt es sich zum einen um
die Selbstliebe. Mit »Selbstliebe« meint Rousseau weder einen Nar-

---

5 »Perfectibilité« meint die Möglichkeit zur Vervollkommnung, nicht
   schon die Vervollkommnung selbst. Der Mensch ist als Mensch in der
   Lage, sich zu vervollkommnen. Dass ihm dies gelingt, ist unwahrscheinlich, wenn man seine Freiheit, aber auch die sozialen Bedingungen, unter denen er erst die entsprechenden Fähigkeiten erwirbt, die
   zu vervollkommnen sind, berücksichtigt.

zissmus, dem alles in der Welt nur zur Bespiegelung des eigenen Selbst dient, noch einen rücksichtslosen Egoismus, der sich auf Kosten anderer durchzusetzen versucht. »Selbstliebe« meint nur die Tendenz des Menschen, seinen (»natürlichen«) Bedürfnissen nachzugeben und sich um ihre Befriedigung zu kümmern. Die Selbstliebe ist so etwas wie der Garant, der den Menschen auf das Streben nach einer Identität mit sich selbst verpflichtet.

Als zweite Grundempfindung nimmt Rousseau das Mitleid an. Es ist ihm wichtig zu betonen, dass, obwohl das Mitleid mit der Entwicklung der Vernunft, dem Vermögen, sich in die Lage anderer hineinzuversetzen, wächst, es doch eine immer schon (selbst bei Tieren) vorhandene Grundtendenz des Menschen darstellt.

Wie die Selbstliebe ist auch das Mitleid dem Menschen unverfügbar: Diese Regungen treten auf, ohne dass man sie verhindern oder unterdrücken könnte. Gerade weil sie sich unmittelbar aufdrängen, sind sie in den Augen Rousseaus so etwas wie Garantien dafür, dass der Entwicklungsprozess nicht vollständig schief läuft. Das Mitleid bildet ein Korrektiv sowohl für sozial gefährliche Tendenzen der Selbstliebe, aber auch der Eigenliebe, jener Verwandlung der Selbstliebe, die durch den Vergleich mit anderen entsteht (vgl. D2: 217f.). Das Mitleid ist eine Tugend »vor aller Überlegung« (D2: 219). Es ist auch eine Grenze für die Vernunft als jenem vermeintlich freien Vermögen, über »richtig« und »falsch« entscheiden zu können. Obwohl es mit der Vernunft – wie schon erwähnt – wächst, betont Rousseau dennoch, dass es so etwas wie ein natürliches Korrektiv der Vernunft darstellt:

>»Mit einem Wort, warum jeder Mensch bei sich einen Widerwillen verspürt, anderen Böses zu tun, ist eher in dieser natürlichen Empfindung als in subtilen Vernunftschlüssen anzutreffen. Sokrates und anderen Geistern seines Schlages mag es immer gelungen sein, durch die Vernunft tugendhaft zu werden; das menschliche Geschlecht würde dennoch schon längst nicht mehr anzutreffen sein, wenn seine Erhaltung nur auf den Vernunftschlüssen seiner Glieder beruhte.« (D2: 221)

Die Stelle des Mitleids wird in der späteren Entwicklung der Anthropologie Rousseaus das Gewissen einnehmen.[6] Es wird mit genau den gleichen Bestimmungsmerkmalen eingeführt wie das Mitleid. Auch das Gewissen – verstanden als Fähigkeit, durch das Gute unmittelbar gerührt zu werden – gilt als etwas, das dem Menschen unabhängig von seiner Entwicklung immer schon und unzerstörbar gegeben ist. Zwar kann es dazu kommen, dass die Menschen aufgrund von Abhängigkeiten, Leidenschaften oder auch der Eigenliebe nicht mehr in der Lage sind, die Stimme des Gewissens zu vernehmen: Sie ist aber dennoch da (vgl. E: 587). Das Gewissen liegt vor jedem Erkennen und seine Regung ist aufgrund dieser Unmittelbarkeit gewisser (ebd.: 591). Die Vernunft gilt Rousseau als ein Vermögen, das sich irren kann, welches auf jeden Fall nicht in der Lage ist, allgemein gültige Wahrheiten zu produzieren. Hier wird man bescheiden sein müssen und sich allein auf die aufrichtige Suche nach der Wahrheit verpflichten können. Das Gewissen bildet dabei eine Instanz, die der mithilfe des aufrichtigen Vernunftgebrauchs ermittelten »Wahrheit« eine zusätzliche Geltung verleiht: Indem sie das »Herz« unmittelbar anrührt und so den Menschen diese »Wahrheit« lieben lässt, erhält sie für ihn einen höheren Wert, als er ihr jemals durch theoretische Erkenntnis zukommen könnte.

»Das Gute erkennen heißt nicht, es lieben: diese Erkenntnis ist dem Menschen nicht angeboren, aber sobald seine Vernunft ihn das Gute erkennen lässt, treibt ihn sein Gewissen, es zu lieben – dieses Gefühl ist angeboren … Gewissen! Gewissen! Göttlicher Instinkt, unsterbliche und himmliche Stimme, sicherer Führer eines unwissenden und beschränkten, aber vernünftigen und freien Wesens; unbestechlicher Richter über das Gute und Böse; du, der du den Menschen Gott ähnlich machst, du gibst seiner Natur die Vollkommenheit und seinen Handlungen die Moralität; ohne dich fühle ich nichts in mir, das mich über die Tiere erhöbe, als das

---

6   Dessen systematischen Stellenwert wird Rousseau erst im »Emile«, im »Bekenntnis des savoyischen Vikars« einführen.

traurige Vorrecht, durch ungeordnetes Erkenntnisvermögen und eine grundsatzlose Vernunft von einem Irrtum in den anderen zu fallen.« (E: 593f.)

Auch wenn die unzerstörbaren Grundempfindsamkeiten des Menschen wie das Mitleid und das Gewissen verhindern mögen, dass das Schlimmste passiert, so wäre es unangemessen, aus der gerade zitierten Stelle zu schließen, dass diese Instanzen umso besser funktionierten, je eingeschränkter die Vernunft oder die Einbildungskraft ihre Tätigkeit verrichten. Wie schon für das Mitleid gezeigt, geht die anthropologische Konzeption des vervollkommnungsfähigen Menschen eher von einer wechselseitigen Steigerung aus. Ein in der unmittelbaren Gegenwärtigkeit befangener »Naturmensch« braucht weder Mitleid noch Gewissen, weil er kein soziales Wesen ist. Die Betonung von Mitleid und Gewissen bedeutet daher nicht die bloße Verurteilung von Vernunft. Rousseaus Anthropologie ist nicht so angelegt, dass sie bestimmte Aspekte des Menschseins ausschließen möchte. Sie geht eher von jener Ambivalenz aus, die in den unterschiedlichen Möglichkeiten des Gebrauchs menschlicher Fähigkeiten liegt.

So ist die Vervollkommnungsfähigkeit etwa daran gebunden, dass der Mensch über allgemeine Begriffe verfügt. Dies ist aber für Rousseau ein äußerst voraussetzungsreicher Zustand. Wie er im »Emile« zeigt, führt hier der Weg von einfachen Empfindungen zu relativ einfachen Vorstellungen und dann erst über deren zunehmende Vernetzung zu komplexen Vorstellungen. Diese komplexen Vorstellungen sind als allgemeine Begriffe das Medium der Vernunft. Vernunft gibt es nur dort, wo komplexe Vorstellungen vorhanden sind. Sie ist demnach auch an eine sprachliche Kompetenz gebunden. Auch diese Kompetenz entwickelt sich für Rousseau von unartikulierten (aber unmittelbaren) Lautäußerungen über Gebärden bis hin zu einer komplexen und konventionellen Sprache. Die Allgemeinheit der Begriffe ist aber nicht nur das Resultat sprachlicher Entwicklung, sondern zu ihrer Entstehung ist die Funktionsfähigkeit eines anderen Vermögens vorausgesetzt: der Einbildungskraft. Die Einbildungskraft, das geistige Probehandeln, das sich von realen Beschränkungen freimachen kann, ist dabei eine in der Entwicklung von Kindern relativ spät auftretende Fähigkeit: Sie entwickelt sich für Rousseau erst etwa ab dem 12. Lebensjahr. Die Einbildungskraft löst die unmittelbare Bindung an die konkrete Situation; sie erlaubt es, Verbindungen zu ziehen, die den sinnlich wahrnehmbaren Bereich überschreiten.

Nur so weit also eine voll entwickelte Sprache, eine aktive Einbildungskraft und eine reflektierende Vernunft gegeben sind, ist es für Rousseau sinnvoll, vom Menschen als einem vervollkommnungsfähigen Wesen zu sprechen. Erst mit diesen Kompetenzen aber ist für den Menschen zugleich die Möglichkeit des Scheiterns gegeben, die durch die Selbstliebe sowie das Mitleid bzw. die Stimme des Gewissens abgemildert werden soll. Zusätzlich jedoch zu diesen Garanten der Möglichkeit von Vervollkommnung zielt Rousseau auf einen richtigen Gebrauch dieser Kompetenzen, die auch das Wirken von Mitleid und Gewissen erleichtern.

Die Einbildungskraft gilt dabei als das wohl am schwierigsten zu kontrollierende Vermögen. Sie ist gefährlich, weil sie es vermag, die Wünsche so zu vervielfältigen, dass sie den Fähigkeiten zu ihrer Befriedigung davonlaufen. Andererseits ist sie unerlässlich als kreative Funktion, die sowohl zur Bildung allgemeiner Begriffe beiträgt wie auch die Vernunft mit »Material« versorgt. Für die Einbildungskraft selbst scheint es keine eingebaute Kontrolle zu geben. Diese erfolgt eher durch eine bestimmte Art der Verwendung von Sprache, die ihrem Wirken Schranken setzt, als durch den aufrichtigen Gebrauch der Vernunft, der ihre Produkte prüft.

Die Verwendung von Sprache bildet für Rousseau seit der Kulturkritik des Ersten Diskurses einen zentralen Gegenstand der Aufmerksamkeit. Man könnte seine dort vorgetragene Kritik am Verfall der Sitten auf den Punkt bringen, dass unter Bedingungen höfischer Etikette und des bürgerlichen Ringens um die Durchsetzung eigener Interessen ein Unterschied zwischen dem entstanden ist, was die Menschen sagen, und dem, was sie wirklich meinen. Dieser Unterschied, den die Menschen in der Verwendung ihrer Sprache strategisch nutzen, bedeutet für Rousseau den Verlust der Aufrichtigkeit. Es geht nur noch darum, wie man in den Augen der anderen erscheint. Der Verlust von Aufrichtigkeit ist unter den Bedingungen eines formalen Identitätskonzepts bedeutungsgleich mit Selbst-Enfremdung. Um diese zu vermeiden, wird alles darauf ankommen, das Auseinanderfallen von Denken/Meinen und sprachlicher Äußerung zu verhindern. Das ist aber gar nicht so einfach. Wenn man bedenkt, dass Menschen, selbst wenn sie zu meinen glauben, was sie sagen, dennoch auf Rückfragen antworten müssen, um den anderen zu erläutern, was sie meinten, so bezeichnet dies sowohl ein Problem intersubjektiver Verständigung wie auch die grundsätzliche Problematik einer Übereinstimmung von subjektiver Bedeutung und geäußertem Wort. Die Sprachwissenschaft hat uns belehrt, dass zwischen dem, was das Wort bezeichnet, und dem, was man als seine jeweilige Bedeutung ansehen könnte, zwischen Signifikat und Signifikant, eine unaufhebbare Differenz besteht. Diese Differenz hält die Verständigung zwischen Menschen gerade dadurch in Gang, dass sie Miss- oder Unverständlichkeiten produziert. Sie macht die Notwendigkeit diskursiver Verständigung aus. Und sie macht die Übereinstimmung von Bedeutung und sprachlicher Äußerung zur Fiktion.[7]

Eben diese Übereinstimmung aber würde den möglichen Missbrauch von Sprache ausschließen, den Rousseau verhindern möchte. Die Aufhebung der Trennung von Signifikat und Signifikant, von bezeichnetem Gegenstand und seiner Bedeutung, ist jedoch nicht nur fiktiv möglich, sondern eine solche Fiktion hat außerdem totalitäre Voraussetzungen: Sie beinhaltet, dass in der Verwendung von Sprache nur eine Bedeutung transportiert werden darf. Der Sprecher darf nicht zwischen alternativen Verwendungsweisen wählen können. Für ihn wie auch für den Adressaten seiner Rede muss die Bedeutung des Gesagten eindeutig sein. Damit er gar

---

7 Diese Einsichten der Sprachwissenschaft gehen auf F. de Saussure zurück (1967). Sie bilden aber heute sowohl die Grundlage des so genannten Dekonstruktivismus (vgl. Derrida 1967) als auch einer modernen Hermeneutik. Auch letztere geht von der Unverfügbarkeit der Bedeutungen für den Sprechenden und der uneinholbaren Nachträglichkeit des Sinns aus (vgl. Frank 1993).

nicht erst auf die Idee kommt, dass es Wahlmöglichkeiten geben könnte, wird Emile (der zu einem solchen Sprecher erzogen werden soll) nur einfache und naive Wahrheiten lernen: Seine Begriffe beruhen auf sinnlich erfahrbaren Gewissheiten in Situationen, die eine und nur eine Deutung zulassen. Dass diese Deutung die ausschließlich Richtige ist, steht für Rousseau ebenso fest wie die Distanzlosigkeit des Emile zur Sprache, die er verwendet:

> »*Erwarten Sie nichts als die naive und einfache Wahrheit, ungekünstelt, ohne Ausschmückung und ohne Selbstgefälligkeit. Er wird Ihnen genauso freimütig über das Böse, das er getan hat oder denkt, berichten wie über das Gute, ohne sich nur im Geringsten um den Eindruck zu bekümmern, den seine Worte auf Sie machen: er wird das Wort in der ganzen Einfachheit seiner ursprünglichen Bestimmung gebrauchen.*« (E: 343)

Es gibt für Rousseau nur eine »ursprüngliche Bedeutung« der Worte, deren unmittelbare Gewissheit allenfalls durch das Schielen auf die soziale Wirkung verzerrt werden kann. Erst dieses Schielen nach sozialer Anerkennung setzt den Sprechenden in jene Distanz zu seiner Sprache, die es ihm erlaubt, mit Bedeutungen zu spielen. Emile hat – zumindest bis zur Pubertät – diese Distanz nicht: Er weiß nicht einmal, was eine Lüge ist, weil das eben diese Distanz voraussetzen würde. Emile *ist* seine Sprache. In ihr drückt er sich unvermittelt aus. Rousseau hofft, auf diese Weise ein Fundament zu legen, das von Emile auch unter sozialen Bedingungen als Maßstab der Unmittelbarkeit (und damit einer formal definierten Identität) anerkannt werden wird.

Was Rousseau – gegen bloßes Wissen, wie es Wissenschaften und Bücher vermitteln – als ein gesundes Urteil versteht, ist ein Urteil, das auf einer durch sinnliche Erfahrungen gesättigten Sprache beruht, zu der der Urteilende nicht jene Distanz hat, die ihm ein »freies« Reflektieren erlauben würde. Eine Verwendung von Sprache, die die Identität mit sich selbst nicht gefährdet, muss eindeutig sein: nicht nur hinsichtlich der Klarheit des Gesagten, sondern auch hinsichtlich seiner damit identischen Bedeutung für den

Sprechenden. Unter diesen Bedingungen wäre eine Kommunikation vorstellbar, in der es weder Missverständnisse zwischen den Sprechenden gäbe noch eine instrumentelle Verwendung von Sprache zu anderen Zielen als demjenigen des aufrichtigen Selbstausdrucks.[8]

Auch die Vernunft sieht Rousseau als ein ambivalentes Vermögen an: Sie ist einerseits Produzentin von Irrtümern, weil sie möglicherweise den Leidenschaften oder der Eigenliebe unterworfen ist. Zugleich aber gilt sie ihm als jene Kraft, die die (lebensnotwendigen) Leidenschaften zu zähmen vermag, die in der Lage ist, das Gute zu erkennen (ohne sich dessen allerdings sicher sein zu können). Die Vernunft ist das Vermögen, das auf sein Korrektiv: das Gewissen, verweist. Nur in dieser Einheit ist die Vernunft vor ihren Irrtümern gesichert. Ihr Gebrauch muss auf dieses Korrektiv des Gewissens verweisen:

> *»Gott gab uns die Vernunft, um das Gute zu erkennen, das Gewissen, um es zu lieben, die Freiheit, um es zu wählen.«* (J: 718)

Rousseau belässt es aber an dieser Stelle nicht bei einem bloßen Postulat. Er verbindet Vernunft und Gewissen in einer Theorie des Ausdrucks. Das, was ein Sprecher oder Autor ausdrückt, muss nicht nur überzeugend sein, sondern es muss auch »rühren«. Es muss nicht nur das rationale Vernunftvermögen »ansprechen«, sondern auch die unmittelbaren Regungen des Gewissens. Diese Vorstellung liegt nicht nur der Stilistik seiner Schriften zugrunde, in denen Rousseau Argumente und rhetorisches Pathos zur Einheit zu bringen versucht. Sie wird auch zum Mittel der Erziehung des älteren Emile, der über ein ausgebildetes Vernunftvermögen verfügt.

Diese Theorie des Ausdrucks hat aber zugleich eine weitergehende und (im Rahmen der Auseinandersetzung Rousseaus mit der Aufklärung) systematische Bedeutung. Sie bildet so etwas wie

8 Auf diesen Aspekt der Authentizität hat vor allem Starobinski (1988) hingewiesen.

die erkenntniskritische Abgrenzung gegen die Wahrheitstheorien der Aufklärung. Glaubte man dort, mithilfe bestimmter (logischer oder empirischer) Verfahren Kenntnisse gewinnen zu können, die sowohl als Wahrheit überzeugen wie auch eine handlungspraktische Verbindlichkeit erzwingen müssten, so bestreitet Rousseau genau diesen Zusammenhang. Das, was als wahr erkannt ist, hat noch keine Verbindlichkeit für den Handelnden. Selbst wenn er die Wahrheit akzeptieren sollte, trägt dies noch nicht zu seiner Veränderung oder (moralischen) Verbesserung bei. Hierzu ist etwas anderes zusätzlich gefordert. Es kommt (in den Worten Rousseaus) nicht nur darauf an, dass jemand etwas begreift, sondern damit es zur Verbindlichkeit des Begriffenen kommt, ist etwas Zusätzliches gefordert: Rührung. Jeder Ausdruck, den jemand tätigt, hat beide Potenzen in sich: Er kann ebenso etwas begreiflich machen wie gleichzeitig den anderen rühren. Beides zugleich ist notwendiges Ergebnis eines kommunikativen Austauschs aufrichtiger, mit-sichidentischer Subjekte. Gerührt aber wird das »Herz«: der metaphorische Sitz des Gewissens als jenes Vermögens unmittelbarer Zustimmung.

Eine Vernunft, die mit ihren »Wahrheiten« nicht rührt, ist eine halbierte Vernunft. Das aber heißt auch: Ohne das Gewissen bleibt der Vernunftgebrauch unvollständig.

2.3 »Natur«

»Natur« steht – so wurde bereits gesagt – für den Ort des Menschen jenseits der Gesellschaft und sozialer, moralischer oder religiöser Abhängigkeiten. Dieser Ort kann in den Augen Rousseaus nur formal bestimmt werden: durch die Übereinstimmung von Wollen und Können, die umso natürlicher erscheint, je unmittelbarer sie erfolgt. Der Naturzustand ist nichts anderes als die das Tier kennzeichnende Unmittelbarkeit von Bedürfnis und Befriedigung in einer Gegenwart, die keine Vergangenheit und keine Zukunft hat.

Der Begriff der Natur gewinnt damit allerdings einen eigentümlichen Charakter. Er bezeichnet nicht nur den Gegenbegriff zur

Gesellschaft und Kultur, sondern er tut dies auf eine Weise, dass er für die Kultur selbst zur Norm wird.[9] Damit »Natur« den Stellenwert gewinnen kann, den Rousseau ihr zuweist, muss der auch von ihm betonte Charakter des »Jenseits der Kultur« eine andere Bedeutung erhalten. »Natur« gilt Rousseau sowohl als das Jenseits der Kultur wie auch als deren Kritikmaßstab in gleichsam reiner Form. Am »reinsten« ist dieser Maßstab dort, wo er von keiner Kultur affiziert ist: im Naturzustand. Er behält diese Funktion aber auch unter den Bedingungen gesellschaftlicher Entwicklung.

Man wird dabei immer im Auge behalten müssen, dass dieser Maßstab kein inhaltlicher ist: Nie geht es Rousseau darum, die Natur des Menschen inhaltlich zu definieren und dann etwa darauf zu verweisen, dass die so definierten Merkmale oder Eigenschaften von der Gesellschaft unterdrückt würden. Es geht ihm auch nirgendwo um teleologische Konstruktionen: also darum, dass die Individuen ihre natürlichen Anlagen entfalten müssten und dass dies unter gesellschaftlichen Bedingungen immer nur eingeschränkt möglich wäre. Rousseau kann also weder als Theoretiker einer bestimmten menschlichen Natur verstanden werden noch als ein Theoretiker, der die individuelle Differenz stark macht, indem er auf die Verschiedenheit der Anlagen aufmerksam machen würde. Der Mensch Rousseaus bleibt ein Abstraktum, das in die Ambivalenz von Vervollkommnung und Scheitern eingespannt ist. Die Vervollkommnung besteht dabei in der Identität mit sich selbst auch unter den Bedingungen der Entfaltung von potenziell ambivalenten Vermögen wie Vernunft oder Einbildungskraft.

---

9   Aus der Kulturanthropologie ist bekannt, dass sich die häufig als »Naturvölker« bezeichneten Kulturen gerade dadurch definieren, dass sie eines nicht sind und sein wollen: Natur. Die Mythen, mit denen man sich in solchen Kulturen seiner Identität vergewissert, bannen Natur in das Gegenteil einer als Errungenschaft betrachteten Kultur. »Natürliche Vorgänge« in rituellen Inszenierungen dienen dazu, durch Vorführung einer Verkehrung von Kultur in ihr Gegenteil deren Wert zu bestätigen. Die Natur ist das »Außen«, die Gefahr für die Kultur.

Jedoch ist damit noch nicht geklärt, was »Natur« bei Rousseau meint und worin ihr theoretisch-systematischer Stellenwert besteht. Dass »Natur« in Entgegensetzung zu Kultur und Gesellschaft verstanden werden muss und dass dies auch in einem präskriptiven Sinne zu verstehen ist, macht noch nicht deutlich, auf welche Weise das Konzept seine Aufgabe erfüllen kann. Am einsichtigsten ist hier noch die Konzeption des Naturzustandes. Dieser kann als radikales (schon tierisches) Gegenbild zum gesellschaftlichen Menschen verstanden werden. Aber gerade als solches Bild taugt der Naturzustand allenfalls zur Kritik jeder Gesellschaft und nicht etwa als Gegenentwurf einer »idealen Gesellschaft«. In jeder Gesellschaft hat man sich immer schon von diesem normativen Maßstab entfernt. Also ist jede Gesellschaft zu verurteilen. Andererseits aber spricht Rousseau von einem »natürlichen« Gebrauch der Vernunft, von der »natürlichen« Entwicklung des Emile, von der »natürlichen« Bedeutung der Leidenschaften für die Selbsterhaltung usw. Das heißt: Er verwendet das Prädikat »natürlich« auch im Hinblick auf Vorgänge und Vermögen, die im gesellschaftlichen Kontext statthaben. »Natürlich« meint hier vielleicht am ehesten alles, was zur Ausbildung eines mit sich selbst identischen Subjekts, eines authentischen Subjekts, beiträgt. Eine solche Bedeutung kann man selbst dort noch vermuten, wo Rousseau von der Natur als der Welt der Dinge spricht, die sinnlich erfahren werden kann. Diese Natur als Welt der Dinge hat eine »natürliche« Bedeutung insofern, als sie die Grenze für die Zeichenbildung des Emile markiert. Dessen Sprachverwendung findet ihre Natürlichkeit darin, dass die Zeichen die »ursprüngliche Bedeutung«, ihren Bezug zur sinnlichen Gewissheit, nicht verlieren.

Ein solches Verständnis von »natürlich« beinhaltet einen interessanten Verweisungszusammenhang. Einerseits wird damit die »formale Identität« zum Bezugspunkt der Verwendung des Begriffs des »Natürlichen«: Etwas ist dann »natürlich«, wenn es die Möglichkeit der Identität mit sich selbst fördert. Als solches behält das »Natürliche« seinen kritischen Charakter. Denn die Identität mit sich selbst ist nicht in gesellschaftlichen Abhängigkeiten und in der Befolgung moralischer oder religiöser Vorschriften möglich. Andererseits ist aber auch nicht zu übersehen, dass das »Natürliche« so etwas wie die Grenze einer formal gedachten Identitätsbildung darstellt. Das Problem einer formal gedachten Identitätsbildung war – wie erinnerlich – der »aufrichtige Verbrecher«. Es ist für Rousseau nun gerade der normative Charakter seiner Auffassung des »Natürlichen«, der auch diese Möglichkeit ausschließt. Dabei geht er so weit, eine Verbindung herzustellen zwischen dem göttlichen Willen, der Ordnung der Natur und den Regeln der Vernunft. Julie, die Protagonistin jenes Romans, in dem Rousseau das patriarchalische Leben auf dem Lande verherrlicht, betet:

> »Ich will alles, was mit der Ordnung der Natur in Einklang steht, die du errichtet hast, und mit den Regeln der Vernunft, die ich von dir habe.« (J: 372)

Das »Natürliche« ist zugleich das, »was aus den Händen des Schöpfers kommt« und »gut ist« (E: 107). Die Erforschung des »Natürlichen« bedeutet die Erforschung des göttlichen Willens:

> »Ohne eine gründliche Untersuchung des Menschen, seiner natürlichen Fähigkeiten und ihrer allmählichen Entwicklung kann man niemals in den Stand kommen, diese Einteilung zu machen und in der wirklichen Beschaffenheit der Dinge zu erkennen, was dem göttlichen Willen gemäß ist und was menschliche Kunst hat hinzutun wollen.« (D2: 187)

Wenn man hinzunimmt, dass die Vernunft nur dann von Irrtümern frei ist, wenn sie sich auf jene (natürliche) Aufrichtigkeit verpflichtet und Aussagen produziert, die von der göttlich installierten Instanz des Gewissens geliebt werden können, dann kann dies als weiterer Beleg für die von Rousseau postulierte Einheit von Natur, richtigem Vernunftgebrauch und göttlichem Willen gewertet werden.

Damit erst gewinnt der Begriff der »Natur« seine volle normative Wertigkeit: Die »natürliche« Identität des Menschen mit sich selbst ist eine solche dann, wenn zugleich der Vernunftgebrauch des Menschen sich im Einklang mit dem göttlichen Willen befindet, wie er sich in der Stimme des Gewissens offenbart. Eben diese zusätzliche Qualifizierung der Identität mit sich selbst ist das, was dem »aufrichtigen Verbrecher« fehlt.

Der Naturbegriff verliert auf diese Weise allerdings seine scharfe Gegenstellung zur Gesellschaft: Eine »natürliche Identität« scheint nun auch unter den Bedingungen der Gesellschaft und des Gebrauchs der Vernunft möglich zu sein. Nun wird auch eine gesellschaftliche Ordnung vorstellbar, die vernünftig ist in dem Sinne, dass ihre Regeln mit der Vernunft des Individuums übereinstimmen und von dessen Gewissen bestätigt werden können. Doch diese Möglichkeit bleibt in den Augen Rousseaus und vor dem Hintergrund seiner Gesellschaftskritik derart unwahrscheinlich, dass sie nur als normatives Muster seiner Fiktion des Gesellschaftsvertrags zugrunde gelegt wird.[10]

Im Naturbegriff verschränken sich ganz unterschiedliche Aspekte. Einerseits steht er als Maßstab der Kritik für das Jenseits von Gesellschaft und Kultur. Andererseits steht er für den Ursprung des Menschen. Zum Dritten gibt er eine normative Orientierung für die Existenz des Menschen unter gesellschaftlichen Bedingungen vor. Zum Vierten verklammert er göttliches Gesetz und adäquaten Vernunftgebrauch. Er steht zum Fünften für die Ungeschiedenheit von theoretischer und praktischer Vernunft: Die gleiche Aussage gewinnt ihre Wahrheit, ihre theoretische Geltung, durch die unterstellte Einheit von Zeichen und Gegenstand und damit verbunden auch eine praktische Gültigkeit durch Rührung. Die Einheit von theoretischer und praktischer Vernunft bildet die Grundlage für ein Konzept von Aufrichtigkeit, in dem Denken/Meinen, Wollen und Tun zusammenfallen.

---

10 Der »Gesellschaftsvertrag« und sein Konstruktionsprinzip, das auf der Identität von Subjekt und Objekt der Gesetzgebung beruht, können hier nur am Rande erwähnt werden. Das Konstruktionsprinzip wird im folgenden Abschnitt über die Methode Rousseaus nur eine kurze Erwähnung finden.

Eine weitere Dimension des Naturbegriffs verdient eine gesonderte Betrachtung. Stand in der bisherigen Betrachtung die Bedeutung des »Natürlichen« für eine kritische Sicht auf gesellschaftliche Vorgänge und individuelle Entfremdungsphänomene im Vordergrund, so ist nun zu fragen nach der Position desjenigen, der um das »Natürliche« weiß. Es bildet nämlich einen Unterschied, ob man in »natürlicher Unmittelbarkeit« lebt oder ob man diese Unmittelbarkeit als »natürlich« behauptet. Letzteres setzt die Distanz des Autors zum als »natürlich« beschriebenen Sein voraus und damit einen Begründungsbedarf: Warum soll das Vorgeschlagene und nicht etwas anderes »natürlich« sein? Es wurde schon darauf hingewiesen, dass Rousseau diese Lücke gerne schließen würde, indem er darauf verweist, dass er in der Lage sei, unmittelbar im Buch der Natur selbst zu lesen. Das aber löst die angesprochene Problematik nicht: Denn – mit Verlaub – das kann ja jeder behaupten!

Das Problem verschärft sich noch, wenn man bedenkt, dass Rousseau von der Einheit von theoretischer und praktischer Vernunft ausgeht. In einem solchen Fall taucht das Problem auf zwei Ebenen auf, die wir zu unterscheiden uns angewöhnt haben: erstens als erkenntnistheoretisches und zweitens als praktisches Legitimationsproblem. Auf theoretischer Ebene ist zu fragen, mit welchem Recht der Autor mit seinen Aussagen den Anspruch verbinden kann, sie gäben das »Natürliche« gleichsam unzweifelbar wieder. Mithilfe welcher Begründungen oder welcher wissenschaftlichen Methoden ist eine solche Einsicht gewonnen? Oder wird sie nur behauptet? Auf praktischer Ebene stellt sich die Frage, mit welchem Recht, mit welcher Legitimation jemand einen anderen auf den Pfad des von ihm für »natürlich« Gehaltenen verpflichten kann. Müsste dieser andere Mensch dies nicht gerade vor dem Hintergrund einer geforderten Identität mit sich selbst von sich aus einsehen und akzeptieren? Rousseaus These einer mit dem menschlichen Ausdruck verbundenen Einheit von Erkennen (Verstand) und Rührung (Herz/Gewissen) unterläuft diese Doppelproblematik, indem er Wahrheit und praktische Verbindlichkeit letztlich an die dem Menschen unverfügbare und sich unmittelbar meldende Instanz des rührenden Gewissens bindet.

Da das Legitimationsproblem in den Erziehungsbemühungen gegenüber Emile im Vordergrund steht, soll hier nur die Frage des theoretischen Geltungsanspruchs untersucht werden: Wieso glaubt Rousseau, sagen zu können, dass er das erkennen kann, was »natürlich« ist? Wenn er meint, selbst ein »natürlicher Mensch«, ein Bewohner einer idealen Welt zu sein, und dass er deshalb so etwas wie einen unmittelbaren Zugang zur Natur hat, welches Problem glaubt er, damit lösen zu können?[11]

Richtigen Vernunftgebrauch, natürliche Ordnung und göttlichen Willen in eine Einheit zu bringen kann unter den Bedingungen der Moderne nur eines sein: eine Leistung des erkennenden Subjekts. Nur dieses erkennende Subjekt kann wissen, ob und wann sein Vernunftgebrauch mit der natürlichen Ordnung und dem göttlichen Willen in Übereinstimmung stehen. Diese Einheit einfach ontologisch, unabhängig von der subjektiven Perspektive auf sie, als gegeben zu behaupten und das sie erkennende Subjekt als bloßen Ort der Offenbarung einer solchen Wahrheit anzunehmen, entspricht nicht jener exzentrischen Position des Menschen gegenüber der Welt, die nicht zuletzt Rousseau selbst fordert. Diese exzentrische Position aber bedeutet nichts anderes als jenen Unterschied, den Rousseau von Beginn an voraussetzt: denjenigen zwischen dem empirischen Menschen, den er in seinen Abhängigkeiten betrachtet, und demjenigen, der diesen (gleichsam von außen) betrachtet. Nur wenn Rousseau diese beiden Standpunkte, denjenigen des in gesellschaftlichen Orientierungen verstrickten Menschen und denjenigen des von diesen Verstrickungen freien Betrachters, unterscheidet, macht seine kritische Theorie überhaupt Sinn. Den empirischen Menschen zum Gegenstand einer Betrachtung zu machen setzt die

---

11 Das Legitimationsproblem steht – wie noch zu zeigen sein wird – dort an zentraler Stelle. Ein Erziehungskonzept, das die »natürliche« Entwicklung einer Identität mit sich selbst gewährleisten will, muss die Legitimationsfrage ausschalten. Diese Frage ergibt sich in einer sozialen Auseinandersetzung darüber, was denn nun richtig oder »natürlich« sein soll. Der Neutralisierung dieser Frage dient das Konzept einer »negativen Erziehung«.

Distanz zu seinen Orientierungen voraus. Diese erhält man durch andere Bezugspunkte als diejenigen, an denen der betrachtete Mensch sich orientiert. Theoretisch könnten dies auch andere soziale Orientierungen sein. Dann aber stünden sich nur zwei unterschiedliche soziale Orientierungen gegenüber, ohne dass man über ein Kriterium verfügen könnte, mit dessen Hilfe man sich für die richtige Seite entscheiden könnte. Nur wenn der Betrachter in der Lage ist, die soziale Orientierung als solche auszuklammern, gewinnt er einen Standpunkt der »reinen«, der überlegenen Erkenntnis.

Es ist ein Kennzeichen der Moderne, die Erkenntnis aus der Sicht eines erkennenden Subjekts und nicht mehr aus der Sicht einer sich diesem offenbarenden Welt denkt, dass die Bedingungen der Möglichkeit einer solchen Betrachtungsweise nur noch im Betrachter selbst aufgesucht werden. Nicht mehr die Tradition, die Kenntnis der Bibel, göttliche Gnade oder angeborene besondere Gaben legitimieren nun eine Betrachtung der Welt, sondern ihre Möglichkeiten, aber auch ihre Grenzen müssen im Menschen selbst gesucht werden. Dies bildet den Einsatzpunkt und das Programm der kantischen Transzendentalphilosophie. Kant fragt nach den Bedingungen der Möglichkeit und den Grenzen des menschlichen Erkenntnisvermögens. Er findet diese Bedingungen und Grenzen menschlicher Erkenntnis in der Verfasstheit des menschlichen Verstandes. Kant versucht anzugeben, was der menschliche Verstand zu erkennen in der Lage ist und was nicht. Das, was er nicht erkennen kann, darüber lassen sich Mutmaßungen anstellen, aber nichts Gewisses sagen. Der Mensch, der mithilfe der Verfasstheit seines Verstandes zur einzigen Quelle und Wahrheitsbedingung der für ihn möglichen Erkenntnis wird, rückt damit für Kant in eine transzendentale Position. Als transzendentale Bedingung der Erkenntnis wird der menschliche Verstand auch zur Bedingung der Erkenntnis des (empirischen) Menschen – es ist diese erkenntnistheoretische Figur, die »kopernikanische Wende« der neuzeitlichen Erkenntnistheorie, die Rousseau vermeiden will, obwohl er sie mit seiner kritischen Perspektive immer schon voraussetzt.

Der Grund dafür liegt in einer radikalen Subjektivierung. Was dem Menschen zu erkennen möglich ist: Eine solche Frage ist und bleibt erkenntniskritisch. Ihre Beantwortung kann nur begründend erfolgen. Man muss sagen, warum man meint, etwas erkennen zu können, und warum man dennoch gewisse Unsicherheiten nicht ausschließen kann. Wenn man nicht einen festen Standpunkt der Vernunft beanspruchen will, bleibt die Beantwortung dieser Frage nach dem »transzendentalen Standpunkt« eine immer erneut in Zweifel zu ziehende. Was Rousseau dagegen mit dem Naturbegriff beansprucht, ist einerseits die Erkenntnis der »wahren Wirklichkeit« – jener Wirklichkeit an sich, über deren Erkenntnis kein Streit bestehen kann und die für Kant dem subjektiven menschlichen Erkenntnisvermögen nicht zugänglich ist. Die Natur als Wirklichkeit »an sich« müsste dann als vom menschlichen Erkenntnisvermögen unabhängig gegeben, aber dennoch als erkennbar anzusehen sein: Sie wäre nicht nur eine Erkenntnis des menschlichen Verstandes, der der Natur (mit Kant) ihre Gesetze vorschreibt bzw., wie man heute sagen würde, der die Natur konstruiert. Sie wäre als erkannte Natur zugleich eine Offenbarung. Rousseau möchte den Standpunkt des kritischen Betrachters, des »transzendentalen Subjekts«, mit demjenigen einer in ihrer Objektivität erkannten göttlich-natürlichen Ordnung zusammenfallen lassen.

Einen solchen Anspruch der Erkenntnis der Natur »an sich« kann Rousseau andererseits nur erheben, wenn er für sich selbst eine »reine« transzendentale Position reklamiert. Das heißt: wenn er für sich selbst jede Vermittlung durch gesellschaftliche Bedingungen ausschließt. Er wäre dann kein empirisches Wesen, sondern die reine Erkenntnisinstanz. Er kann allerdings eine solche Position nicht kritisch begründen, weil das (wie Kant zeigt) immer auch mit Überlegungen über die Grenzen der Erkenntnis verbunden ist: Der transzendentale Standort ist in seinen Möglichkeiten und Grenzen auszuweisen. Ansonsten würde der erkennende Mensch zum Schöpfer einer beliebigen Welt: Erkenntnis und Träumerei ließen sich nicht mehr unterscheiden. Rousseau aber begründet seine Position nicht. Er glaubt, diese Position unkritisch beziehen zu können, weil er für sich Unmittelbarkeit beansprucht: »Natürlichkeit«. In dieser Unmittelbarkeit sollen Subjekt und Objekt, erkennendes Subjekt und ihm unmittelbar gegebene Objektivität, versöhnt sein. Die »Natürlichkeit« erfüllt also in dieser Hinsicht die Funktion, die erkenntnistheoretische Position Rousseaus als solche der Kritik zu entziehen. Mit Foucault könnte man sagen: Sie erfüllt die Funktion, den Autor Rousseau aus der Sicht auf den Menschen als empirisch-transzendentaler Dublette, jener Zwickmühle, in der sich das empirische Individuum befindet, das sich als Bezugspunkt »reiner Erkenntnis« behaupten möchte, hinauszudefinieren. Der Autor Rousseau soll als Autor unkenntlich werden, sein Werk soll damit eine Objektivität erhalten, die jenseits einer subjektiven Erkenntnisperspektive gültig sein soll.[12]

Jedoch wird man Rousseau mit einer solchen Bestimmung nur teilweise gerecht. Denn von hier aus könnte er als dogmatischer Herold der reinen Güte und Wahrheit auftreten. Er brauchte sich um Begründungen nicht weiter zu kümmern. Tatsächlich aber gibt er seine Bindung an den Boden der Moderne nicht auf. Er reflektiert zumindest methodisch, wie es möglich ist, das Natürliche unter den Bedingungen der Gesellschaftlichkeit zu erkennen. Damit nimmt er die eben aufgezeigte Problematik der empirisch-transzendentalen Dublette auf: Wie ist es möglich, dass ein empirischer, unter gesellschaftlichen Bedingungen stehender Mensch das Natürliche, gesellschaftlich Verdeckte erkennen kann? Rousseaus Vorschlag besteht in einer methodischen Fiktion, deren Durchführung dann doch den Autor in die »reine« transzendentale Position und den Erkenntnisgegenstand in die reine Objektivität versetzen soll. Die Stärke dieses methodischen Vorschlags besteht darin, dass Rousseau um die Fiktivität des Vorgehens weiß. Dies bedeutet, dass

---

12 Foucault (1974) weist mit diesem Ausdruck auf Probleme einer transzendental angelegten Erkenntnistheorie hin. Diese bestehen seiner Ansicht nach darin, dass auch das transzendentale Subjekt, mit dessen Charakterisierung die Bedingungen der Möglichkeit der Erkenntnis festgelegt werden, noch eine Konstruktion ist, die auf historisch-empirische Bedingungen verweist, unter denen sie entstanden ist. Wenn aber das Transzendentale selbst historischen Bedingungen unterliegt, verfließt die klare Grenze zwischen empirischem und transzendentalem Subjekt: und damit auch die Sicherheit der Geltungsgrundlagen menschlicher Erkenntnis.

die Versöhnung des »transzendentalen Subjekts« und der »wahren Wirklichkeit« nur mithilfe der methodischen Fiktion möglich erscheint, womit ihre Gewissheit allenfalls eine relative sein kann.

2.4 Die methodische Fiktion

> *»Und wie kann es der Mensch jemals dahin bringen, dass er sich in der Gestalt betrachte, die ihm die Natur gegeben hat, nachdem die Folge der Zeiten und Dinge so vieles an seiner ursprünglichen Beschaffenheit geändert hat?«* (D2: 181)
>
> *»Es ist kein kleines Unterfangen, in der wirklichen Natur des Menschen das Ursprüngliche von dem Künstlichen zu unterscheiden und einen Zustand zu ergründen, der nicht mehr zu finden, vielleicht niemals da gewesen ist, und künftig auch, allem Ansehen nach, nie vorkommen wird.«* (D2: 182)

Das Problem des »Natürlichen« stellt sich in aller Schärfe sowohl auf der Ebene des Gegenstandes wie auch auf derjenigen seiner Erkennbarkeit. Auf der Gegenstandsebene geht Rousseau so weit, die Realität der Natur des Menschen infrage zu stellen. Ob sie jemals vorhanden war oder gegeben sein wird, ist eine Frage, die letztlich nicht zu beantworten ist. Die Natürlichkeit des Menschen ist etwas, das man nur konstruieren kann. Rousseau stellt sich also hier explizit auf den Boden einer neuzeitlichen Erkenntnistheorie, die das, was erkannt werden kann, auf die Möglichkeiten des erkennenden Subjekts zurückbezieht.

Bei einer solchen Konstruktion des »natürlichen Menschen« muss man allerdings aufpassen, dass man nicht in jenen Fehler verfällt, den Rousseau den »Philosophen« vorwirft. Diese haben (wie Rousseau dies etwa Hobbes vorwirft) nur Eigenschaften und Verhaltensweisen, die sie in der zeitgenössischen Gesellschaft vorgefunden haben, als »natürlich« behauptet und damit mystifiziert.

Damit ist das Problem der Erkennbarkeit des »Natürlichen« angesprochen. Für Rousseau ist es unausweichlich, dass eine Untersuchung des »Natürlichen« nur inmitten der Gesellschaft erfolgen kann. Er wendet nun aber diese Problematik nicht erkenntnistheoretisch: Er fragt nicht danach, inwieweit ein sozialisierter Mensch in der Lage sein kann, das »Natürliche«, das nicht nur in den beobachteten Menschen, sondern auch in ihm selbst überformt ist, zu erkennen. Er fragt sich nicht, was er sich vor dem Hintergrund seiner Vernunftkritik fragen müsste: Ist nicht auch das Erkenntnisvermögen desjenigen, der das »Natürliche« untersucht, durch die gesellschaftlichen Bedingungen verzerrt? Stattdessen optiert er für ein Verfahren, das diese Frage umgehen soll. Dieses Verfahren besteht darin, dass er zunächst von allem abstrahiert: von sozialen Beziehungen, der Sprache, dem Vernunftgebrauch, der Einbildungskraft, dem Gedächtnis. So konstruiert er den Naturzustand des Menschen, von dem er weiß, dass es sich um eine Fiktion handelt. Von dieser radikalen Fiktion tierischer Unmittelbarkeit ausgehend, nähert sich Rousseau dann in einem zweiten Schritt den gesellschaftlichen Bedingungen und der Entwicklung der menschlichen Fähigkeiten. Die gewusste Fiktion des Naturzustandes auf der einen Seite und die für real gehaltene Entfremdung in der gegenwärtigen Gesellschaft auf der anderen Seite bilden dann das Spannungsfeld, in dem Rousseau die Entwicklung der menschlichen Fähigkeiten in ihren ambivalenten Möglichkeiten des Gelingens und Scheiterns verortet.

Es verwundert daher auch nicht, dass sich das gleiche Verfahren einer bewusst fiktiven Konstruktion auch in anderen Zusammenhängen findet. Im »Gesellschaftsvertrag« geht Rousseau von einem »natürlichen« Modell des Staates aus, in dem Regierende und Regierte identisch sein sollen. In der Übereinstimmung von Regierenden und Regierten, von Subjekt und Objekt der Gesetzgebung, ist das gegeben, was Rousseau den »allgemeinen Willen« nennt. Der »allgemeine Wille« ist unter dieser Voraussetzung immer schon das, was er sein soll: Er ist der Inbegriff der Legitimation. Selbstverständlich weiß Rousseau, dass diese Legitimation empirisch nicht immer gegeben ist. Die Menschen versuchen, ihre Interessen durchzusetzen, Mehrheiten zu finden und vielleicht auch andere zu täuschen. Sollten sie sich unter diesen Bedingungen auf irgendetwas einigen, von dem die einen mehr und die anderen weniger betroffen sind, spricht Rousseau vom »Willen aller«. Im Unterschied zum »allgemeinen Willen« ist der »Wille aller« nicht notwendig legitim. Er wäre dies nur dann, wenn er mit dem »allgemeinen Willen« zusammenfallen würde. Doch wer stellt dies fest? Und wie kommt es dazu, dass der »allgemeine Wille« zum Maßstab wird?

Der »allgemeine Wille« setzt voraus, dass sich alle zur Gesellschaft gehörigen Menschen in einer Art »Urvertrag« mit allen ihren Rechten der Gesellschaft ganz hingeben (vgl. G: 18f.). Der Einzelne muss sich gleichsam aufgeben, um Glied jenes Allgemeinen zu werden, innerhalb dessen er zugleich Regierender und Regierter ist: Jeder unterwirft sich den Bedingungen, die er anderen auferlegt (vgl. G: 36). Nun ist aber die Einrichtung der Bedingungen für eine solche Verfassung etwas, das nicht selbstverständlich ist. Erklärt werden muss, wie die Menschen in die Lage versetzt werden, den »Urvertrag« zu schließen. Dazu ist etwas gefordert, was ihre empirische und gesellschaftliche, ja sogar die »natürlich-unmittelbare« Existenzweise überschreitet. Wie sie also von allein dahin kommen sollen, sich einer Verfassung zu beugen, die ihrer »gesellschaftlichen Natur« entgegenkommt, bleibt bei Rousseau unklar. Diese »gesellschaftliche Natur«, das soziale Zusammenleben unter den Bedingungen des »allgemeinen Willens«, wird von Rousseau ebenfalls unter dem Gesichtspunkt einer formalen Identität gedacht: als Übereinstimmung von Subjekt und Objekt der Regierung.

Um die Möglichkeit einer solchen Verfassung zu erklären, bedient sich Rousseau wiederum des Rückgriffs auf die Fiktion. Diesmal ist es die Fiktion des Gesetzgebers.

»Um die für das Wohl der Völker am besten geeigneten Grundsätze der Gesellschaft aufzufinden, bedürfte es eines höheren Geistes, der alle Leidenschaften der Menschen überschaute und keine derselben empfände; dem jede Beziehung zu unserer Natur fehlte und der trotzdem aus dem Grund von ihr Kenntnis besäße; dessen Glück von uns unabhängig wäre und der dennoch Neigung hätte, sich mit dem unsrigen zu beschäftigen; der sich endlich im Verlauf der Zeit einen erst in weiter Ferne hervortretenden Ruhm erwürbe

und in einem Jahrhundert arbeiten könnte, um erst in einem anderen die Früchte seiner Arbeit zu genießen. Es bedürfte göttlicher Wesen, um den Menschen Gesetze zu geben.« (G: 45)

»Demzufolge findet man in dem Werk der Gesetzgebung zwei scheinbar unvereinbare Dinge vereint: ein die menschliche Kraft übersteigendes Unternehmen und zu seiner Ausführung eine Macht, die gleich Null ist.« (G: 47)

Der Ursprung der gewollten Verfassung ist eine Fiktion. Aber das hindert Rousseau keineswegs daran, den »allgemeinen Willen« als unzerstörbare Instanz zu behaupten, die immer das ist, was sie sein soll. Der Rückgriff auf die Fiktion des Gesetzgebers dient auch hier zur Begründung der realen Möglichkeit des legitimen Staates.

Der gleichen Methode gehorcht die Begründung der Möglichkeit einer naturgemäßen Erziehung im »Emile«. Auch hier stellt Rousseau das Problem explizit: Wie ist es möglich, eine naturgemäße Erziehung ins Werk zu setzen, wenn der Erzieher selbst keine solche Erziehung genossen hat? (Vgl. E: 132) Seine Lösung besteht auch hier im bewussten Rückgriff auf die Fiktion:

»Ich spreche hier keineswegs von den Qualitäten eines guten Erziehers. Ich setze sie voraus und sehe mich theoretisch mit all diesen Qualitäten begabt. Bei der Lektüre dieses Buches wird man sehen, mit welcher Freigebigkeit ich mich bedacht habe.« (E: 135)

Auch der Zögling wird imaginiert: Emile ist ein Konstrukt.

»Deshalb habe ich mich entschlossen, einen imaginären Schüler anzunehmen, mir das Alter, die Gesundheit, die Kenntnisse und alle Gaben, die der Arbeit an seiner Erziehung dienlich sind, beizulegen und seine Erziehung vom Augenblick seiner Geburt an bis zu jener Stunde zu lenken, da er als fertiger Mann keines anderen Führers mehr bedarf als seiner selbst.« (E: 134)

Als Prototyp des natürlichen Menschen kann Emile nur durchschnittlich begabt sein und sich in einem durchschnittlichen Tempo entwickeln: Er unterliegt dem Normalitätsgebot. Bei jedem anderen Menschen müsste unter den gleichen Erziehungsbedingungen das gleiche Resultat erzielt werden können.

Man könnte vielleicht sagen, dass die fiktiven Figuren eines Erziehers und eines durchschnittlichen Zöglings nur Funktionen in einem Prozess darstellen, den sich Rousseau als natürlichen vorstellt. Was das heißen könnte, wie man sich einen natürlichen Prozess der Vervollkommnung vorzustellen hätte, wurde oben unter dem Stichwort der Anthropologie behandelt. Jedoch führt eine solche Annahme nicht aus dem Dilemma heraus: Denn auch der »natürliche Erziehungsprozess« selbst, in dem Erzieher und Zögling die ihnen zugedachte Rolle spielen, bleibt eine Fiktion: ein »Gedankenexperiment«. Ein Gedankenexperiment ist aber für Rousseau alles andere als bloße Spinnerei. Dies hängt mit dem methodischen Stellenwert der »Fiktion« zusammen, die nun schon zwei Mal aufgezeigt wurde. Methodisch betrachtet, dient das Einführen einer Fiktion bei Rousseau (hier: derjenigen eines »natürlichen Erziehungsprozesses«) nicht dazu, etwas Mögliches in abstracto vorzuführen: es als denkbar darzustellen. Ihr Zweck besteht vielmehr darin, etwas als nicht nur möglich, sondern, wenn man nur konsequent ist: als unausweichlich und notwendig zu zeigen. Für Rousseau bildet die vorgeführte Fiktion des »Ur-Vertrags« oder der »natürlichen Erziehung« nicht nur eine theoretische Möglichkeit, sondern zugleich eine praktische Notwendigkeit. Fiktiv muss das Zustandekommen dieser Notwendigkeit erläutert werden, weil man eben nicht von real vorgefundenen gesellschaftlichen Bedingungen ausgehen kann.

Ihre praktische Notwendigkeit kann die Fiktion nur im System, demjenigen der »natürlichen Erziehung«, beweisen. Erst aus der geschlossenen Darstellung, die jenseits vermeintlicher Notwendigkeiten, wie sie sich aus den gegebenen gesellschaftlichen Verhältnissen herleiten, angesiedelt ist, lässt sich die zwingende Notwendigkeit des praktischen Gelingens einsehen. Rousseau hält – wie gesagt – diesen Beweis nicht für eine Spinnerei, sondern für die zwingende Vorführung einer anderen und wahren Wirklichkeit:

»Ich weiß, dass bei ähnlichen Versuchen wie diesem der Autor voller Behagen bei seinem System, das er nicht in die Praxis umzusetzen braucht, ohne Mühe viele schöne Regeln aufstellt, die unmöglich zu befolgen sind, und dass selbst das, was wirklich durchführbar wäre, unbrauchbar bleibt, weil die Einzelheiten, die Beispiele und die Anwendung fehlen ... Um das Buch nicht unnötig anschwellen zu lassen, habe ich mich damit begnügt, die Grundsätze aufzustellen, deren Richtigkeit jeder empfinden muss. Was jedoch die Regeln anlangt, die der Beweise bedürften, so habe ich sie alle auf meinen Emile oder auf andere Beispiele bezogen und ich habe in detaillierter Form dargelegt, wie alles, was ich festlegte, praktisch angewandt werden könnte. So sieht zumindest der Plan aus, dem zu folgen ich mir vorgenommen habe. Der Leser mag entscheiden, ob es mir gelungen ist, ihn zu verwirklichen.« (E: 134f.)

Der Leser wird nicht nur entscheiden müssen, ob der theoretische Aufbau des »Emile« den formulierten Kriterien genügt. Er wird damit gleichzeitig zu beurteilen haben, ob die aus diesen Regeln und Grundsätzen gefolgerten Konsequenzen für den Bildungsprozess des Emile sich mit aller Notwendigkeit einstellen müssen. Nur fiktiv mögen der »natürliche Entwicklungsprozess« und seine pädagogische Steuerung darstellbar sein, weil seiner Möglichkeit in der Gesellschaft alles entgegensteht. Aber in der Fiktion werden empirische Wirkungszusammenhänge vorgeführt, für die Rousseau theoretische Gültigkeit und praktische Überzeugungskraft gleichzeitig postuliert. In der Fiktion zeigt sich der »natürliche Erziehungsprozess« als eine »wahre« Wirklichkeit und damit zugleich als vorstellbare Möglichkeit.

3. »Natürliche Erziehung«

Den Menschen zum Menschen und nicht zum Bürger zu erziehen
– das ist Rousseaus Programm. Mit »Bürger« meint Rousseau den
in soziale und politische Abhängigkeiten verstrickten Menschen.
Der »Bürger« steht für die Notwendigkeit der Selbstbehauptung
unter Bedingungen, die er nicht gewählt hat. Damit diese Selbstbehauptung in Konkurrenz zu anderen gelingt, muss er auf diese
und vor allen Dingen: auf den Eindruck, den er bei diesen erwe-
cken will, Rücksicht nehmen. Diese Abhängigkeit bedeutet seine
Entfremdung von sich selbst. Es kommt nun alles darauf an, dass
die anderen das Bild, das er ihnen von sich zu vermitteln versucht,
akzeptieren. Nicht so wichtig ist, ob dieses Bild mit demjenigen
übereinstimmt, das er von sich selber hat.

Der »Mensch« wird nun so bestimmt, dass er als von eben diesen Abhängigkeiten befreit gedacht wird. Dies geht am konsequen-
testen dort, wo er nicht als soziales Wesen, sondern als unmittelbar
mit sich identisch aufgefasst wird. Diese unmittelbare Identität mit
sich selbst bezeichnet Rousseau zugleich als Naturzustand. Das
Konzept einer formalen Identität, des »Mit-sich-identisch-Seins«,
und dasjenige der Natur werden also bezogen aufeinander definiert.

Der Naturzustand als Zustand einer vorgesellschaftlichen und
unmittelbaren Identität mit sich selbst aber kennt eines nicht: die
Notwendigkeit der Erziehung als eines immer schon sozial zu den-
kenden Verhältnisses. Rousseau weiß dies. Und es wurde oben darauf hingewiesen, dass der vorgesellschaftliche Naturzustand nur
so etwas wie die »Reinform« des Natürlichen darstellt. Wenn der
Mensch sich aber vervollkommnen soll (was wohl für Rousseau
auch in seiner »Natur« liegt), dann muss dessen natürliche Ent-

wicklung mit den gesellschaftlichen Verhältnissen, in denen er sich befindet, in Übereinstimmung gedacht werden. Eben dies ist das Programm der »natürlichen Erziehung«.

Wenn man Erziehung mit Rousseau als einen Vorgang versteht, in dem ein Erwachsener den Prozess des Aufwachsens eines Kindes steuert und dafür Verantwortung übernimmt, dann aber ergeben sich unter dem Gesichtspunkt einer formal gedachten Identität gewisse Schwierigkeiten. Diese Schwierigkeiten kann man dabei durchaus als typisch für den Entwurf neuzeitlicher pädagogischer Theorien ansehen. Wenn man nicht mehr davon ausgehen kann und darf, dass Kinder für bestimmte soziale Positionen erzogen werden, wenn man nicht mehr weiß, welche Inhalte in einer sich als in Entwicklung befindlich begreifenden Gesellschaft morgen noch von Bedeutung sein werden, dann wird es problematisch, eine Orientierung vorzugeben, an der sich die Entwicklung eines Kindes auszurichten habe.

Auch das ist gemeint, wenn von der Erziehung zum Menschen und nicht von der zum Bürger gesprochen wird. Die Erziehung zum Menschen hat ihren Bezugspunkt nicht mehr in normativen Erwartungen der Gesellschaft, sondern im einzelnen Menschen, den sie jenseits der Gesellschaft auf ein Leben in ihr vorbereiten will. Dieses Leben soll eines immer noch – auch in Gesellschaft – gewährleisten: die Identität mit sich selbst. »Natürliche Erziehung« oder »Erziehung eines natürlichen Menschen« unter gesellschaftlichen Bedingungen – dies bedeutet dann, dass der Erzieher dem Kind die Möglichkeit eröffnen muss, die Identität mit sich selbst (als Gleichgewicht von Wünschen und Fähigkeiten) auf jeder Stufe seiner Entwicklung zu erreichen. Nur so kann seine Selbstentfremdung vermieden werden.

Der Mensch ist Mensch, soweit er sich vom Bürger unterscheidet. Erklärt werden muss nun die Möglichkeit eines Standpunktes, der die Gesellschaft und ihre Normen an von dieser selbst unabhängigen Kriterien überprüfen und beurteilen kann. Man muss dies nicht in die Terminologie einer Entgegensetzung von Mensch und Bürger kleiden. Aber das für die Neuzeit kennzeichnende Verständnis von autonomer Subjektivität setzt genau dies voraus: eine

Position, von der aus man unabhängig gesellschaftliche und moralische Erwartungen beurteilen kann. Was Rousseau also mithilfe seiner Vorstellungen über Erziehung erklären möchte, ist die Möglichkeit einer solchen Position.[1]

Eine solche Position der Autonomie war für das 18. Jahrhundert eine, die potenziell jedem Menschen als Menschen bzw. als Vernunftwesen zukommt. Sie war keine Position, die mit Individualität im Sinne von Einzigartigkeit oder der Verwirklichung der eigenen Unterschiedlichkeit in Verbindung gebracht worden wäre. Das Menschliche als »Natürliches« ist ein Allgemeines: Es ist nicht die Individualität des Einzelnen, die im Laufe seiner Entwicklung zur Geltung gebracht werden müsste, sondern »die« Natur oder »die« Vernunft. Dies zu betonen erscheint wichtig, wenn man die heutige Semantik einer »natürlichen Erziehung« betrachtet. Denn nach der romantischen Betonung der Individualität sind nicht nur gesellschaftliche oder moralische Verbindlichkeiten fragwürdig geworden. Selbst das allgemein »dem« Menschen im Aufklärungszeitalter Zugeschriebene, wie etwa die Vernunft, kann nun durch die Betonung der unhintergehbaren Individualität infrage gestellt werden. Die Assoziation von »Mensch« und »Natur« hat sich gegenüber dem Ansatz Rousseaus verschoben. Während für Rousseau der »natürliche Mensch« jenseits der Gesellschaft ein allgemeines,

---

1 Die Auffassung, dass das subjektive Urteil dann als autonom zu gelten habe, wenn es sich von den gesellschaftlichen Verhältnissen zu distanzieren vermag, teilt Rousseau mit anderen Aufklärern. Deren Auffassung von Vernunft setzt dies immer schon voraus. Was Rousseau allerdings von den übrigen Aufklärern unterscheidet, dies ist seine Bindung der Distanzierung von gesellschaftlichen Verhältnissen an das Konzept des »Naturzustandes«, der noch jeder Vernunft vorausliegt. Wie bereits gezeigt, erlaubt dies eine Radikalisierung der Kritik, die noch die Vernunft selbst einschließt. Rousseau greift hier auf Motive vor, die in der romantischen Individualitätstheorie eine Rolle spielen, in der die Unhintergehbarkeit des Individuellen gegen die vermeintliche Allgemeingültigkeit der Vernunft ausgespielt wird. Da er selbst aber nicht vom Individuum her denkt, sondern vom menschlichen Naturzustand her, bleibt seine Vernunftkritik prekär.

abstraktes Wesen blieb, gilt das »Natürliche« heute eher bezogen auf die Individualität. Die Natur »des Menschen« ist tendenziell zu einer des Individuums geworden. Jedes Individuum scheint seine eigene Natur zu haben. Das Problem dieser Verschiebung besteht dann allerdings darin, dass der Unterschied der individuellen »Naturen« als solcher nur über eine inhaltliche Identitätsangabe und nicht durch das bloß formale Konzept des Mit-sich-identisch-Seins angegeben werden kann. Damit aber droht man hinter den durch Rousseau markierten Standpunkt einer modernen Identitätskonzeption zurückzufallen: Das Tor für metaphysische Identitätsdeutungen, die mit dem Anspruch auftreten, die »natürliche Identität« des Individuums inhaltlich angeben zu können, wird so erneut geöffnet.[2]

Trotz dieser (hier nur beschreibend und nicht kulturkritisch wertend) festzustellenden Tendenz bildet die »Natürlichkeit« in beiden Fällen etwas Faszinierendes für die pädagogische Theoriebildung. »Natürlichkeit« suggeriert ein Wissen um etwas, das sich eigentlich dem Wissen entzieht. »Natürlichkeit«, so wurde bereits betont, ist der Ort jenseits der Gesellschaft, letztlich der Ort jenseits aller Abhängigkeiten, Vorschriften und Rücksichtnahmen. Es ist der Name für einen Ort, über den man nichts wissen kann. Wenn man etwas über ihn wüsste, könnte man dieses Wissen selbst zur Norm erheben: Man könnte die Übereinstimmung mit der »Natur« fordern. Das Problem bestünde dann allerdings darin, dass man sich in einen Widerspruch verwickeln würde. Man würde dem Menschen jenseits der Gesellschaft ebenfalls eine (dann: soziale) Norm vorschreiben, womit eben dieser Mensch nicht mehr jenseits der Gesellschaft wäre.

Das Wissen um das »Natürliche« könnte andererseits das pädagogische Rechtfertigungsproblem lösen. Wenn man davon ausgeht,

---

2 An dieser Stelle sei noch einmal auf Buck (1984) verwiesen, der es (wie schon in der Einleitung angedeutet) als zentrale Errungenschaft Rousseaus ansieht, den teleologisch-metaphysischen Identitätsbegriff überwunden zu haben. Die formale Identitätskonzeption Rousseaus ist a-teleologisch und offen für geschichtlich-konkrete Füllungen.

dass das (allgemeine oder auch individuelle) Menschliche jenseits der gesellschaftlichen Normen liegt, stellt sich für die Pädagogik als soziale Beziehung ein Problem: Wann ist es gerechtfertigt, in die Entwicklung eines Menschen mit sozialen Handlungen, die ja als solche immer gesellschaftlich Sinn machen, einzugreifen? Diese Frage lässt sich vor dem Hintergrund der Diskussion um eine autonome Position des Menschen nicht mehr einfach mit dem Hinweis auf etwas von allen in dieser Gesellschaft lebenden Menschen für sinnvoll Gehaltenes (also mit einer inhaltlich-normativen Vorschrift) beantworten. Schließlich soll ja das heranwachsende Kind zu nichts anderem befähigt werden als dazu, eben dieses für sinnvoll Gehaltene infrage zu stellen. Wenn man aber wissen könnte, was das Eigentliche, die »Natur«, des (individuellen) Menschen jenseits gesellschaftlicher Normen ist, dann könnte der Erzieher in seinen Handlungen sich an diesem »Eigentlichen« orientieren. Er hätte genau dann kein Legitimationsproblem mehr, wenn das von ihm Gewollte direkt mit dem zusammenfallen würde, was das Kind für sich auch immer schon wollen müsste, wenn es mit seiner Natur übereinstimmen wollte.

Rousseau hat – wie schon erwähnt – das Problem eines solchen Vorgehens deutlich gesehen. Es besteht darin, dass der Naturzustand nicht erkannt, sondern nur imaginiert werden kann. Wenn er einfach erkannt werden könnte, würde er seinen jenseitigen Status verlieren. Er wäre dann nicht mehr das radikal Andere der Gesellschaft, sondern etwas, das jeder mit einigem Nachdenken doch für vernünftig halten würde. Er wäre einfach die richtige unter falschen Normen und nicht das Andere jeder sozialen Norm. Wenn man dies vermeiden will, kann man die Natur des Menschen nur formal und jenseits jeder sozialen Vermittlung angeben. Und selbst dann noch kann man nicht begründen, warum man dies tut. Denn jede Begründung würde den Naturzustand seiner »Natürlichkeit« berauben. Jede Begründung würde als solche darauf verweisen, dass die Natur eben keine Natur ist, sondern dass man sie so sehen kann und sehen *sollte*. Begründen kann und muss man nur eine Sicht auf die Natur. Die Begründung der Sicht aber setzt immer schon die Möglichkeit anderer Sichtweisen auf das, was »Natur«

sein soll, voraus. Und allein diese Möglichkeit anderer Sichtweisen relativiert schon den Status dessen, was zweifelsfrei »Natur« sein soll.

Wenn man nun einen »natürlichen Erziehungsprozess« darstellen will, macht man die Bestimmungsmerkmale des Naturzustands selbst zum Problem: Immerhin war dieser im Zweiten Diskurs durch Unmittelbarkeit und das Fehlen sozialer Beziehungen gekennzeichnet. Erziehung aber kann nur als soziale Beziehung vorgestellt werden und das bedeutet immer: als Ende der Unmittelbarkeit einer Identität mit sich selbst. Was soll »natürlich« sein am Eingreifen in die »natürliche« Unmittelbarkeit des Selbstverhältnisses? Rousseau versucht, diesem Problem zu begegnen, indem er den Prozess des Aufwachsens in zwei große Phasen aufteilt. In einer ersten Phase gilt die Unmittelbarkeit des Selbstverhältnisses in *Phasen* stärkerem Maß und sie wird gestützt dadurch, dass das Kind die *der* soziale Beziehung zum Erzieher in ihrer sozialen Qualität gar nicht *Erziehung* wahrnimmt. In einer zweiten Phase tritt das Kind in soziale Beziehungen ein und ihm wird nun – auf der Basis der größeren »Naturnähe« der ersten Phase – auch das pädagogische Verhältnis als solches klar. In der Kindheit (bis zum 15. Lebensjahr) erscheint dem Kind die Identität mit sich selbst unmittelbar gegeben zu sein, weil es deren pädagogisches Arrangement noch nicht durchschaut. In der Jugend, die für Rousseau mit dem Einsetzen der Pubertät beginnt, erkennt sich das Kind als soziales Wesen: Aber es ist die in der Kindheit erfahrene Unmittelbarkeit des Selbstverhältnisses, die dann seinen sozialen Beziehungen eine Qualität der Aufrichtigkeit geben wird, die für Menschen, die die Phase der Kindheit nicht unter den gleichen Bedingungen verbracht haben, nicht realisierbar erscheint.

Die Klammer des gesamten Prozesses aber bildet das formale Identitätskonzept. Es wird in altersspezifische und aufeinander folgende Entwicklungsstufen zerlegt, die als solche das definieren, was auf jeder dieser Stufen möglich und notwendig ist, um die Identität des Zöglings mit sich selbst zu gewährleisten.

3.1 Zur Periodisierung des Natürlichen: Die Entwicklungsstufen der formalen Identität

Wenn man die Identität eines Menschen mit sich selbst durch die Übereinstimmung seiner Wünsche mit seinen Fähigkeiten bestimmt, dann ist diese Identität in dem Fall unproblematisch, in dem Wünsche und Fähigkeiten unmittelbar aufeinander bezogen sind. Wenn der Wunsch unmittelbar erfüllt werden kann und wenn die Fähigkeiten selbst direkt an diese Funktion der Wunscherfüllung gebunden sind, dann ist der Mensch mit sich im Einklang.

Wenn man nun aber Rousseaus anthropologische Einsichten einbezieht und von der Vervollkommnungsfähigkeit des Menschen ausgeht, dann wird die Übereinstimmung von Wünschen und Fähigkeiten zu einem Ziel, dem man sich nur annähern kann. Diese Identität mit sich selbst bildet nicht den Ausgangspunkt, sondern den Orientierungspunkt der Vervollkommnung. Dass diese Vervollkommnung scheitern und in Selbstentfremdung umschlagen kann, bedeutet außerdem, dass das angestrebte Gleichgewicht von Wünschen und Fähigkeiten nicht automatisch erreicht wird. Vervollkommnung und Scheitern – beides beinhaltet, dass die Entwicklung von Wünschen und von Fähigkeiten zu ihrer Befriedigung nicht notwendig in Übereinstimmung geschieht.

Das formale Modell einer Identität mit sich selbst verlangt nun jedoch eine bestimmte Betrachtung dieser Entwicklung. Es erscheint unter der Voraussetzung dieses Modells kaum möglich, die Entwicklung beider Momente unabhängig voneinander zu betrachten. Die Orientierung an der Identität mit sich selbst gebietet, dass Wünsche und Fähigkeiten immer in Beziehung zum jeweils anderen angegeben werden. Bei Wünschen wird man nach den Fähigkeiten zu ihrer Befriedigung fragen: Das ist die Frage nach Macht und Ohnmacht, die gerade für die ersten Entwicklungsphasen des Emile bestimmend wird. Bei Fähigkeiten wird man nach ihrer Bedeutung für die Befriedigung von Bedürfnissen fragen: Das ist die Frage nach der Nützlichkeit, die in der Entwicklung des Emile dann in den Vordergrund rückt, wenn die Fähigkeiten seine Bedürfnisse und Wünsche zu übersteigen scheinen.

Damit sind Periodisierungsmöglichkeiten der Entwicklung angegeben. Die Einteilung der Entwicklung durch Rousseau erfolgt dabei nicht – was auch vorstellbar wäre – über die Angabe altersspezifischer Bedürfnisse und Wünsche, denen dann die entsprechenden Fähigkeiten als notwendige Entwicklungsschritte zugeordnet werden. Sie bleibt selbst formal und beschränkt sich auf die bloße Verhältnisbestimmung von Wünschen und Fähigkeiten in einem einfachen quantitativen Modell, das neben dem Gleichgewichtszustand noch die Zustände des Übergewichts der Wünsche über die Fähigkeiten und der Fähigkeiten über die Wünsche kennt. Es geht – solange das Kind sich in der Entwicklung befindet – um Phasen, in denen kein Gleichgewicht zwischen Wünschen und Fähigkeiten herrscht. Je nach Phase überwiegen die Wünsche die Fähigkeiten oder die Fähigkeiten die Wünsche.

Der Ausgang von Zuständen des Ungleichgewichts zwischen Wünschen und Fähigkeiten ist einerseits notwendig. Ohne ihn wäre die Vorstellung einer Entwicklung wenig sinnvoll: Wenn man immer schon von Gleichgewichtszuständen ausgeht, macht Entwicklung keinen Sinn. Dies ist auch der Grund, warum Rousseau im Zweiten Diskurs, in dem er den Naturzustand als unmittelbares (tierisches) Identisch-Sein mit sich selbst schildert, nicht angeben kann, wie der Mensch aus diesem Zustand herausgetreten sein könnte: Entwicklung kann unter der Voraussetzung, dass eine Identität mit sich selbst gegeben ist, nur von außen angestoßen werden. Sie ist dann – wie im Zweiten Diskurs – auf Zufälle angewiesen. Ein Ausgangszustand des Ungleichgewichts ist also notwendig, um Entwicklung einsichtig zu machen.

Andererseits aber ist eine Entwicklung, die von Zuständen des Ungleichgewichts ihren Ausgang nimmt, nicht »natürlich« im Sinne von »naturgesetzlich«: Sie kann scheitern und sie tut dies dann, wenn der Zustand des Ungleichgewichts nicht überwunden wird, sondern sich verfestigt. Man kann sogar sagen, dass die Überwindung des in der Entwicklung gegebenen Ungleichgewichts zwischen Wünschen und Fähigkeiten eine unwahrscheinliche Möglichkeit darstellt. Sie ist deshalb unwahrscheinlich, weil die Entwicklung keiner Logik folgt, die jede Entwicklungsphase mit einem Gleichgewicht enden ließe.

Der »Natürlichkeit«, dem Gleichgewicht von Wünschen und Fähigkeiten, muss auf die Beine geholfen werden. Wenn die Wünsche die Fähigkeiten übersteigen, muss der Mangel an Fähigkeiten kompensiert werden; wenn die Fähigkeiten die Wünsche übersteigen, muss ihnen etwas gegeben werden, das die Wünsche ersetzt oder erweitert. Beides ist Aufgabe der Erziehung. Eine solche Erziehung wird zum notwendigen, zum unerlässlichen Bestandteil eines auf die Identität mit sich selbst gerichteten Entwicklungsprozesses. Die »Natürlichkeit« einer solchen Identität mit sich selbst ist dann aber nur in der sozialen Vermittlung möglich. Sie findet nicht in der Automatik eines »natürlichen Prozesses« statt, sondern sie bedarf der Ermöglichung durch den Erzieher. Diese soziale Vermittlung allerdings darf für Rousseau kein anderes Maß haben als eben die Identität, die Übereinstimmung des Kindes mit sich selbst. »Natürlichkeit« und Erziehung werden damit durch das jeweils andere definiert.

Rousseau bestimmt die erste Phase der kindlichen Entwicklung als diejenige vor der Sprachentwicklung. Es ist dies ein Lebensabschnitt, der vor allem durch Schwäche gekennzeichnet ist. Diese Schwäche ist für Rousseau sowohl eine der kognitiven wie auch der körperlichen Fähigkeiten. Für ihn sind Kinder in diesem Alter nur zu Sinnesempfindungen fähig, die dem Augenblick verhaftet sind. Diese Unmittelbarkeit wird nun aber nicht positiv bewertet:

> *Die Bewegungen und die Schreie des Neugeborenen sind reine Mechanismen, ohne Bewusstsein und ohne Willen. Angenommen, ein Kind hätte bei seiner Geburt Statur und Kraft eines ausgewachsenen Mannes … dieses Mann-Kind wäre ein absolut Schwachsinniger, ein Automat, eine Statue ohne Bewegung und fast ohne Empfindung.* (E: 154f.)

Das Kind scheint nur zu direkten Gefühlsäußerungen fähig, ohne dass es die Möglichkeit hätte, diese zu koordinieren oder gewünschte Zustände herzustellen. Ohne die Fähigkeit zur Befriedigung ihrer unmittelbar erlebten und ausgedrückten Wünsche fehlt den Kindern das Glück des Naturzustandes. Sie sind nicht in der Lage, das Gleichgewicht zwischen Wünschen und Fähigkeiten herzustellen, und dies verkehrt auch die eigentlich positiv bewertete Unmittelbarkeit des Ausdrucks der Wünsche in ihr Gegenteil. Das Kind empfindet seine Schwäche, seine Angewiesenheit auf andere. Damit besteht in den Augen Rousseaus die Gefahr, dass es »böse« wird: dass es versucht, seine Umwelt zu kommandieren, dass es wütend wird, wenn andere ihm nicht zur Befriedigung seiner Wünsche verhelfen. Daher ist das kompensierende Eingreifen der Erziehung notwendig:

> »*Alle Bösartigkeit entspringt der Schwäche. Das Kind ist nur böse, weil es schwach ist. Macht es stark und es wird gut sein.*« (E: 166)

Eine solche Sichtweise erlaubt es Rousseau, »falsche« Beschränkungen der Kinder zu kritisieren. So wendet er sich gegen das Wickeln, das den Kindern die Bewegungsfreiheit nimmt. Er plädiert für die Entfaltung des Bewegungsdranges der Kinder, weil sie so schwach sind, dass sie wohl kaum größeren Schaden anrichten können. Sie sollen ihre geringen Kräfte frei gebrauchen.[3]

Ein Problem beginnt erst mit der unterstützenden Funktion der Erziehung. Diese soll zum einen den Grundstock legen für eine Koordination der Empfindungen, welche Rousseau als Voraussetzung der späteren Begriffsbildung versteht. Das Be-Greifen der Gegenstände soll mit deren räumlicher Eigenständigkeit und ihren

---

3   Die Möglichkeit des Kleinkindes, sich frei zu bewegen, seine Befreiung aus jenen Windeln, die es zur Bewegungslosigkeit verurteilen, darf nicht verwechselt werden mit jener reformpädagogischen Option, nach der die freie Bewegungsmöglichkeit des Kindes die Voraussetzung dafür bietet, dass das Kind seine Eigentümlichkeit entfalten kann. Rousseaus Verständnis von Freiheit ist (nicht nur hier – wie sich weiter unten zeigen wird) ein anderes: Die Befreiung findet ihre Rechtfertigung darin, dass sie niemandem schadet, da die Kleinkinder noch nicht über die Möglichkeit verfügen, ihre Kräfte gegenüber anderen schädigend einzusetzen. Freiheit bleibt an Harmlosigkeit gebunden.

durch die verschiedenen Sinne erfassbaren Eigenschaften vertraut machen. Der Erzieher ist dafür verantwortlich, Ordnung in die Empfindungen zu bringen. Doch Rousseau bemerkt auch, dass die Hilfe bei der Darbietung von Dingen das Kind dazu führen kann, den Erwachsenen gleichsam als »Vehikel« zu betrachten, über das man nach Belieben verfügen kann. Damit taucht die Frage der Grenze auf: Inwieweit sollen der Tätigkeitsdrang und das Be-Greifen der Welt unterstützt werden und wann sollte man davon absehen? Dies ist der Punkt, an dem Rousseau die Orientierung am formalen Identitätskonzept, am Gleichgewicht von Wollen und Können, einführt. Es sollen nur die Tätigkeiten unterstützt werden, die auf einen realen Nutzen gerichtet sind. Dies bedeutet, dass der Erzieher nicht fantasierten oder grundlosen Bedürfnissen zu ihrer Befriedigung verhelfen soll. Wünsche des Kindes, die unrealistisch sind, sollen nicht erfüllt werden. Solche, die der Erzieher für grundlos hält, sollen ebenfalls keine Berücksichtigung finden. Auch für Kinder in diesem Alter gilt daher, dass sie lernen müssen, ihre Wünsche ihren Fähigkeiten anzupassen (vgl. E: 168f.)

Diese Lösung klingt nur im ersten Augenblick elegant. Würde man sie wörtlich nehmen, so hieße das, dass die Kinder dieses Alters, da sie praktisch keine Fähigkeiten haben, auch keine Wünsche haben sollten. Das aber kann nicht gemeint sein, da doch der Erzieher die Aufgabe übernehmen soll, die fehlenden Fähigkeiten zu kompensieren. Damit ist nichts anderes gemeint, als dass die Übereinstimmung von Wünschen und Fähigkeiten sich nicht natürlich ergibt, sondern von ihm definiert wird. Er bestimmt, welche Wünsche fantastisch und vor allem: welche Wünsche grundlos sind. Er hat die Macht, darüber zu befinden, welche Wünsche akzeptabel sind und welche Fähigkeiten er zu unterstützen gedenkt. Genau das darf aber vom Kind nicht so wahrgenommen werden, weil dies zu Konflikten zwischen ihm und dem Erzieher führen würde. Das zentrale pädagogische Problem dürfte demnach darin bestehen, die »Natürlichkeit« der Entwicklung und die Macht des Erziehers in Einklang zu denken.

Das gleiche Problem – das, wie später zu zeigen ist, Rousseau mit dem Konzept der »negativen Erziehung« zu lösen versucht –

bestimmt die zweite Entwicklungsphase. Die Befähigung des Kindes zu sprechen, mit der im engeren Sinne die Möglichkeit von Erziehung erst beginnt (vgl. E: 154), ändert an jenem Sachverhalt, dass die Wünsche die Fähigkeiten zu ihrer Erfüllung überschreiten, nichts. Zwar entwickeln sich nun in dieser Phase, die Rousseau bis etwa zum 12. Lebensjahr veranschlagt, die Kräfte des Kindes ebenso wie seine Einsichtsfähigkeit. Dies aber bedeutet noch nicht, dass das Kind nun in der Lage wäre, selbstständig ein Gleichgewicht zwischen seinen Wünschen und Fähigkeiten herzustellen. Da jedoch seine Fähigkeiten sich entwickeln, verändert sich die Rolle des Erziehers. Er ist jetzt nicht mehr derjenige, der die nicht vorhandenen Kräfte ersetzt durch seine eigenen Fähigkeiten. Seine Aufgabe besteht nun eher darin, die Fähigkeiten des Kindes zu steuern. Er wird dies (wegen der schon erwähnten Konfliktgefahr) nicht durch direktes Eingreifen, sondern durch das Arrangieren von Situationen tun. Da er sich am Gleichgewicht von Wollen und Können orientiert, wird es darauf ankommen, dass das Kind zum einen die Grenze seiner Fähigkeiten erfährt. Es muss durch die Widerständigkeit der Dinge lernen, was ihm nicht möglich ist. Statt des sozialen Verhältnisses von Befehl und Gehorsam setzt Rousseau auf das Gesetz der Notwendigkeit, das für ihn in den Dingen und ihren Verhältnissen selbst liegt: Dagegen hilft kein Protest. Dies bedeutet – wie Rousseau betont –, dass Kinder leidvolle Erfahrungen machen. Leidvoll sind diese Erfahrungen jedoch nicht nur, weil die Kinder lernen, was ihnen verwehrt ist, sondern weil sie zugleich lernen müssen, ihre Wünsche nach dem auszurichten, was ihnen möglich ist. Die Widerständigkeit der Welt soll von den Kindern als Grenze ihres Willens und damit ihrer Wünsche erfahren werden.

Immer noch lebt das Kind auch in dieser Phase in der Unmittelbarkeit. Diese Unmittelbarkeit zeigt sich darin, dass es noch keinen Begriff von Gewohnheit, Routine oder Bräuchen hat, sondern dass es immer nur das zum Ausdruck bringt, was es im jeweiligen Moment wahrnimmt oder wünscht. Emile

»weiß nicht, was Routine, Brauch und Gewohnheiten sind; was er gestern tat, hat keinerlei Einfluss auf das, was er heute tut: er folgt

niemals einem Schema, beugt sich weder der Autorität noch dem Beispiel und handelt und spricht nur so wie es ihm passt« (E: 344).

Unmittelbarkeit wird nun nicht mehr – wie in der ersten Phase – als Problem definiert. Dies liegt daran, dass sie nicht mehr nur an die Äußerung von Wünschen gebunden ist, sondern das Verhältnis von Fähigkeiten und Wünschen umgreift: Emile ist gegen Ende dieser Phase in der Lage, beides für sich in Einklang zu bringen. Der Erzieher kann sich im Hintergrund halten. Dies ist möglich, weil Rousseau in diese Entwicklungsphase gleichsam Begrenzungen einbaut. Die Anpassung seiner Wünsche an seine als begrenzt erfahrenen Fähigkeiten fällt dem Kind deshalb nicht so schwer, weil in dieser Phase aus der Sicht Rousseaus seine Einbildungskraft noch nicht tätig ist (vgl. E: 346). Dies bedeutet, dass es im Kind noch kein Vermögen gibt, welches sich Wünsche ausdenken oder vorhandene mithilfe der Fantasie verändern kann.

Ebenso die Fähigkeiten: Rousseau sieht die Kindheit als »Schlaf der Vernunft« (E: 240). Die Vernunft als voll ausgebildetes Urteilsvermögen auf der Grundlage eines begrifflich gefassten Mensch-Welt-Verhältnisses ist noch nicht gegeben. Gedächtnis und Denken entwickeln sich erst langsam. Nach den Empfindungen entwickelt das Kind Anschauungen, die zu Vorläufern einfacher und konkreter (d.h. Gegenstands-gebundener) Vorstellungen werden. Rousseau bezeichnet eine an solche einfachen Vorstellungen gebundene Vernunft als »sinnliche Vernunft« (E: 275). Sie bleibt noch an die Sinne fixiert. Deshalb fordert Rousseau, dass in diesem Alter auf die Bildung der Sinne Wert gelegt werden sollte. Die Übung der Geschmacksempfindungen, das Abschätzen von Gewichten, einfache geometrische Übungen in der Natur, Übungen des Tastsinns usw. bilden geeignete Gegenstände für dieses Alter.

Solche pädagogischen Perspektiven geben Zeugnis ab von einem Grundsatz, der für die Entwicklungstheorie kennzeichnend ist. Dieser Grundsatz besteht darin, dass jede Entwicklungsphase ihre eigene Wertigkeit hat und nicht nur als defizitäre Vorform des

Vollkommenen, die möglichst schnell überwunden werden muss, verstanden werden darf.

> *»Jedes Alter, jeder Lebensstand hat seine ihm eigene Vollkommenheit, seine ihm eigene Art von Reife. Man spricht oft von einem fertigen Menschen – betrachten wir aber einmal ein fertiges Kind, so ist das eine für uns ganz neue und vielleicht nicht weniger liebenswerte Sehenswürdigkeit.«* (E: 340)

Die Eigenwertigkeit der Kindheit hervorgehoben zu haben, bleibt eine bahnbrechende Einsicht Rousseaus. Kindheit nicht unter dem Gesichtswinkel zu betrachten, was in ihr noch nicht gekonnt wird, sondern sie als durch eigene Fähigkeiten definiert zu sehen, die in ihrer eigenen Vollkommenheit gesehen werden können, bildet eine völlig neue Sichtweise auf die Entwicklungstatsache. Die Neuartigkeit dieser Sichtweise ist dabei nicht an Konzepte wie dasjenige der »sinnlichen Vernunft« gebunden. Was wirklich neu ist, das ist die Betonung der Bedeutung von Entwicklungsperioden, die ihren Wert nicht aus ihrer teleologischen Ausrichtung auf ein inhaltlich angebbares Entwicklungsziel herleiten. Das Gleichgewicht von Wollen und Können, die Identität mit sich selbst, bildet kein Ziel, das erst nach dem Durchlaufen aller Entwicklungsstufen erreicht wird: Es ist auf jeder Stufe zu erreichen. Und dies gibt jeder Stufe den gleichen Wert.

Eine dritte Entwicklungsphase gibt Rousseau für das Alter zwischen 12 und 15 Jahren an. Er bezeichnet dies als Vorstadium der Pubertät. Dies mag etwas seltsam anmuten, da wir uns daran gewöhnt haben, die Pubertät als Übergang von der Kindheit in die Latenzphase der Jugend zu begreifen. Der Grund, warum Rousseau hier noch eine weitere Entwicklungsstufe einfügt, liegt im Kriterium seiner Periodisierung: in einer Veränderung im Verhältnis von Fähigkeiten und Wünschen. Mit etwa zwölf Jahren ist für Rousseau der Zeitpunkt erreicht, an dem die Fähigkeiten relativ weit entwickelt sind. Da bis dahin die Einbildungskraft noch nicht tätig ist, bleiben die Wünsche gleichsam eingefroren auf kindlichem Niveau. Was nun geschieht, ist ein Umschlagen im Verhältnis von

Wünschen und Fähigkeiten. Während bisher die Wünsche die
Fähigkeiten überwogen, kehrt sich dies jetzt um:

> *»Obgleich bis zum Jugendalter das ganze Leben eine Zeit der
> Schwäche ist, gibt es einen Zeitpunkt während des ersten Lebens-
> alters, wo das heranwachsende Geschöpf, da seine Kräfte sich stär-
> ker entwickelt haben als seine Bedürfnisse, obwohl absolut be-
> trachtet noch schwach, relativ gesehen stark wird.«* (E: 350)

Rousseau bezeichnet diese Zeit, die er noch der Kindheit zurech-
net, als »kostbarste Zeit des Lebens« (E: 352). Das Kind ist nun in
der Lage, Wissen aufzunehmen, das nicht unmittelbar der Erfüllung aktual empfundener Wünsche dient.[4] Die Bereitstellung von
Wissen, das die aktualen Bedürfnisse übersteigt, kann man so verstehen, dass dieses Wissen das Gleichgewicht von Fähigkeiten und
Wünschen insofern herzustellen vermag, als es die in dieser Phase
fehlenden Bedürfnisse kompensiert. Die nun bereitgestellten Wis-
sensinhalte vertreten die fehlenden Wünsche und erlauben so ein
Gleichgewicht von Wünschen und Fähigkeiten.

Damit entsteht jedoch zugleich – gemessen am Modell der unmittelbaren Einheit von Wünschen und Fähigkeiten – ein Problem:
Was steuert denn nun den Erwerb des Wissens so, dass dies den
Heranwachsenden nicht auf »dumme Gedanken« bringt? An dieser
Stelle führt Rousseau ein neues Orientierungskriterium ein. Galt
bisher die durch die Widerständigkeit der Dinge erfahrene Notwendigkeit als ehernes Gesetz, unter das man lernen musste sich zu
beugen, so tritt an deren Stelle nun die Nützlichkeit (vgl. E: 354).

---

4   Das Wissen erhält bei Rousseau niemals Selbstzweckcharakter. Es wird
    auch nicht auf das bezogen, was gesellschaftlich gebraucht zu werden
    scheint. Es dient auch niemals der Vervollkommnung formaler Kom-
    petenzen – sei es, dass diese dem sozialen Vorwärtskommen oder der
    Autonomie des Individuums dienen sollen. Wissen gewinnt für Rous-
    seau zwar Sinn im Rahmen eines Konzepts der Fähigkeitsentwicklung,
    aber diese ist und bleibt an das phasenspezifisch definierte Gleichge-
    wicht von Wünschen und Fähigkeiten gebunden.

Später in der Jugend wird es um das Angemessene und Gute gehen, aber in dieser Phase steht die Nützlichkeit im Vordergrund. Mit »Nützlichkeit« ist hier kein moralisches Prinzip etwa im Sinne des Utilitarismus gemeint. Gefragt wird also nicht, ob möglichst viele Menschen von der eigenen Handlung profitieren werden, ob die Handlung also das größtmögliche Glück der größtmöglichen Zahl von Menschen fördert. Kinder im Alter von 12 bis 15 Jahren sind für Rousseau noch vormoralische Wesen, die ein moralisches Verständnis von Nützlichkeit noch nicht nachvollziehen können.

Stattdessen dient die Frage, wozu etwas nutze, wozu man es brauche, der Begrenzung des Wissens, das man in diesem Alter lernen kann. Es wäre wohl falsch, diese Frage so zu verstehen, als ginge es um den Erwerb von Wissen, mit dessen Hilfe man gesellschaftlich vorwärts kommen kann. Es geht nicht um die Frage, welches Wissen und welche Fähigkeiten man erwerben muss, um sich unter Konkurrenzbedingungen behaupten zu können. Andererseits ist aber durch das Übergewicht der Fähigkeiten über die Wünsche auch jener Maßstab abhanden gekommen, der bisher bedeutsam war: die akzeptablen Wünsche, an denen sich die Fähigkeiten auszurichten haben. Was aber ist dann nützlich? Rousseau spricht von der Entwicklung der Fähigkeiten in zwei Bereichen. Im kognitiven Bereich werden nun aus der Verkettung einfacher Vorstellungen komplexe Vorstellungen, d.h. abstrakte Begriffe. Was auf diese Weise konstituiert wird, ist die Vernunft selbst. Entscheidend für Rousseau ist nun aber – auch wenn er die Lektüre des »Robinson Crusoe« gestattet –, dass die so gebildeten Begriffe nicht abstrakt in dem Sinne werden, dass sich in ihnen nur von Dritten Gehörtes oder Angelesenes mit auf sinnlichen Erfahrungen beruhenden Vorstellungen vermischt. Noch immer gilt die enge Verbindung von sinnlicher Erfahrung und Begriffsbildung als Garant eines »natürlichen«, d.h. unmittelbaren Verhältnisses von Sprecher und Gesagtem. Es geht nicht darum, möglichst viel zu wissen: »weniger die Wissenschaft als das gesunde Urteil« ist das Ziel (E: 405). Das, was einem gesunden Urteil dient, ist nützlich. Das gesunde Urteil aber wird möglich durch eine Verkettung begrenzter Vorstellungen:

> »*Die Art und Weise, wie eine Vorstellung sich bildet, gibt dem menschlichen Geist seinen Charakter. Der Geist, der seine Vorstellungen nur aufgrund reeller Beziehungen bildet, ist ein solider Geist; der, der sich mit scheinbaren Beziehungen zufrieden gibt, ist ein oberflächlicher Geist; der, der sie falsch einschätzt, ist ein unzuverlässiger Geist; der, der imaginäre Bezüge erfindet, die weder Wirklichkeit noch Erscheinung besitzen, ist ein Verrückter; der, der nicht zu vergleichen weiß, ist ein Dummkopf.*« (E: 427)

Damit ist klar, was im Sinne eines gesunden Urteils nützlich ist und was nicht. Es wird alles darauf ankommen, aus den Sinnesempfindungen einfache Vorstellungen zu bilden und dann aus diesen einfachen komplexe Vorstellungen, die den Bezug zur Realität der Sinnesempfindungen noch nicht verloren haben. Während Urteile auf der Ebene der Sinnesempfindungen für Rousseau (entgegen der heute weitgehend geteilten phänomenologischen Einsicht) passiv sind, also als etwas wahrgenommen werden, das einem widerfährt, verändern sie auf der Ebene der Vorstellungen ihren Charakter: Sie werden aktiv. Urteile werden nun gefällt. Damit ist eine Ambivalenz gegeben. Einerseits sind solche aktiven Urteile noch »gesund« in dem Sinne, dass sie auf passive Urteile zurückverweisen, deren Geltungsgrund im empfundenen Gegenstand liegt. Andererseits ist aber der aktive Anteil im Urteil die Quelle möglicher Täuschungen (vgl. E: 427f.). Am besten und »natürlichsten« wäre es, nicht zu urteilen. Da wir aber als Menschen mit Vorstellungen dazu gezwungen sind, wird es darauf ankommen, uns mit unseren Urteilen nicht allzu weit von den mit Sinnesempfindungen gesättigten einfachen Vorstellungen zu entfernen. Unnütz und gefährlich sind komplexe Vorstellungen, die genau dies bewirken könnten. Diese Gefahr wird durch komplexe Vorstellungen, die etwa aus Büchern oder von Dritten übernommen werden und nicht mit sinnlichen Erfahrungen verbunden sind, in den Augen Rousseaus gestiftet.

Der zweite Bereich, für den Rousseau eine Entwicklung der Fähigkeiten in diesem Lebensabschnitt angibt, ist handwerklich definiert. Gegen die luxuriöse Verschwendung, die der Erzieher dem verständnislosen Emile durch den Besuch eines Festes vorführt, wird das Ideal der Autarkie gepflegt. Die Einführung in das Handwerk eines Zimmermanns erfolgt daher so, dass Erzieher und Zögling sich zunächst einmal die Werkzeuge, die zur Ausübung dieses Handwerks notwendig sind, selbst anfertigen (vgl. E: 397). Dem Erlernen des Schreinerhandwerks unterwerfen sich schließlich auch beide: Erzieher wie Zögling. Autarkie ist in diesem Zusammenhang so zu verstehen, dass das Erlernen eines Handwerks dem Kind später eines ermöglichen soll: ein Leben, das von anderen unabhängig ist. Man kann zwar darauf hinweisen, dass auch ein Handwerker nicht unabhängig von anderen ist, die schließlich seine Produkte kaufen müssen. Aber Rousseau würde an dieser Stelle betonen, dass Unabhängigkeit unter gesellschaftlichen Bedingungen nur ein relativer Begriff sein kann. Es kann nur darum gehen, so unabhängig wie möglich zu sein. Und genau darin besteht die Nützlichkeit auch des Erlernens der handwerklichen Tätigkeit.

Das Kriterium der Nützlichkeit ist eines, das auf Unabhängigkeit von der Meinung der anderen zielt (vgl. E: 436). Es ist ein Kriterium zur Gewährleistung eines »gesunden Urteils«. Als solches aber erlaubt es auch, das Wissen zu distanzieren. Die Frage nach der Nützlichkeit erlaubt es dem Fragenden bezogen auf das Wissen, »ihn genau abschätzen zu lassen, was es wert ist« (E: 436). Es ist ein Kriterium, das den Urteilenden in eine souveräne Position gegenüber dem Wissen versetzt. Präziser müsste man sagen: gegenüber einem bestimmten Wissen. Dieses Wissen mag zweckdienlich erscheinen, aber es ist nicht reflexiv. Es mag die Entwicklung der Fähigkeiten lenken, aber es fragt nicht nach deren Sinn. Denn das Kriterium der Nützlichkeit spielt für Rousseau keine Rolle im Bereich der Beurteilung der eigenen Wünsche und der Fähigkeiten zu ihrer Befriedigung. Wünsche sind entweder »natürlich« oder fantasiert – aber nicht nützlich oder unnützlich. Fähigkeiten gewinnen ihren Sinn mit Bezug auf die Wünsche; sie davon unabhängig entwickeln oder beurteilen zu wollen, würde in die Selbstentfremdung führen. Das Kriterium der Nützlichkeit spielt auch keine Rolle in jenem Bereich, zu dem für das Kind in dieser Entwicklungsphase der Zugang noch versperrt ist: im Bereich der Regeln des sozialen

Zusammenlebens. Hier würde sich die Orientierung am Kriterium der Nützlichkeit destruktiv auswirken: Die Frage, inwieweit mir der andere Mensch nutzen kann, führt genau zu jenen Täuschungsmanövern, die Rousseau seit dem Ersten Diskurs als Entfremdung von der naturgewollten Identität mit sich selbst kritisiert.

Die sozialen Beziehungen werden zum Gegenstand erst in der vierten Phase: im durch die Pubertät und das »Erwachen der Leidenschaften« konstituierten Jugendalter. Nun erst fängt Emile an, sich in der Beziehung zu anderen und in den Augen der anderen zu betrachten. Zugleich erscheint ihm dies von nun an als wichtiges Kriterium für sein eigenes Selbstverständnis. Die aus dem Vergleich mit anderen Menschen resultierende Eigenliebe wird zu einem wichtigen Faktor. Während die Selbstliebe für Rousseau am Gleichgewicht von Wünschen und Bedürfnissen in Unabhängigkeit von der Gesellschaft orientiert ist, entsteht die Eigenliebe, die das eigene Selbst mit den Augen der anderen Menschen und das heißt: reflexiv wahrnimmt, sobald der Mensch sich als gesellschaftliches Wesen erkennt. Die Eigenliebe ist notwendig zur Vervollkommnung des Menschen, aber sie birgt die Gefahr der Selbstentfremdung, indem sie zur Orientierung an dem verleiten kann, von dem man meint, dass es die Akzeptanz in den Augen anderer Menschen erhöht.

Das »Erwachen der Leidenschaften« bedingt dabei einen erneuten Wechsel im Verhältnis von Wünschen und Fähigkeiten. Die Zeit des Übergewichts der Kräfte über die Wünsche ist nun vorbei. Andererseits aber bedeutet dies nicht, dass nun wieder die Wünsche dominieren würden. Zumindest bedeutet es dies nicht notwendig. Was nun entsteht, ist ein vom Jugendlichen selbst herzustellendes Gleichgewicht von Wünschen und Fähigkeiten. Dazu hat er in diesem Alter die Fähigkeiten. Seine Vernunft, sein Gedächtnis, seine Einbildungskraft, die Sicherheit seines Urteils sowie die Fähigkeit zum Wissenserwerb sind ausgeprägt. Alles wird darauf ankommen, wie er diese Fähigkeiten verwendet.

Dazu bedarf er allerdings immer noch der Hilfe des Erziehers. Dieser taucht nun aber in vollständig veränderter Konstellation

Rolle d. Erziehers

auf. Während bisher seine Beziehung zum Zögling nicht als soziale definiert war, während bisher also auch diese Beziehung als soziale vom Zögling, der seine Grenzen durch die Widerständigkeit der Dinge erfuhr, nicht wahrgenommen wurde, ändert sich dies nun. Das »Erwachen der Leidenschaften« ist für Rousseau gleichbedeutend mit der Orientierung Emiles hin auf andere Menschen. Es sind seine Wünsche, die sich auf die Etablierung sozialer Beziehungen richten, die ihn dazu führen, auch sich selbst mit den Augen der anderen Menschen zu betrachten und sich mit ihren Erwartungen zu vergleichen. Mit dieser Neuorientierung taucht auch der Erzieher nun als soziales Wesen auf. Emile wird auch sein Verhältnis zu ihm als soziales definieren müssen.[5]

Der Erzieher, der das damit gegebene Problem vorhersieht, kommt ihm zuvor, indem er nun auch rückblickend die bisherige Beziehung als soziale definiert, in der er alles für den Zögling aufgeopfert habe. Er habe auf ein eigenes Leben verzichtet und sich ganz in den Dienst seiner Erziehung gestellt. Emile, der dies begreift und gerührt ist – der dies also als wahr begreift –, kann nicht

---

5 In der pädagogischen Rezeption hat man darüber gestritten, ob dieser Wechsel im Verhältnis von Erzieher und Zögling eine grundsätzliche Änderung auch in der Erziehungsmethode bedeute. Röhrs war der Meinung, dass auch die Etablierung des pädagogischen Verhältnisses als einer nun auch für Emile einsichtigen sozialen Beziehung nichts am negativen Charakter der Erziehung ändere (vgl. Röhrs 1957, S. 175). Rang hat demgegenüber in seiner Einleitung in die Reclam-Ausgabe des »Emile« betont, dass es sich um einen Bruch in der Erziehung handele: Die Erziehung des Kindes sei eine vollständig andere als die des Jugendlichen. Es handele sich um zwei Pädagogiken (vgl. Rang 1963, S. 84ff.). Nun ist zwar nicht zu bestreiten, dass auch in der Jugendphase indirekte Lenkungssituationen statthaben (etwa: Emile scheitern lassen, um mögliche Überlegenheitsgefühle gegenüber »normal« sozialisierten Menschen zu verhindern), aber diese haben Ausnahmecharakter und werden nun von Rousseau als Heimlichkeiten betrachtet – nicht mehr als System. Rousseau setzt in der Jugendphase auf die Einheit von Überzeugung und Rührung. Von einer »negativen Erziehung« gelangt er daher zu einer »rhetorischen Erziehung«.

anders, als dem Erzieher einen Vertrag anzutragen: Dieser soll sich auch weiterhin um ihn kümmern. Er bittet den Erzieher um die Steuerung seiner weiteren Entwicklung und verspricht seine Unterordnung unter den Willen des Erziehers.

Die Aufgaben des Erziehers unter diesen Bedingungen fasst Rousseau unter vier Gesichtspunkten. Zum Ersten ist es die Eigenliebe, die nicht nur eine notwendige Chance zur Identitätsfindung unter sozialen Bedingungen darstellt, sondern auch eine Gefahr. Emile könnte sich mit anderen vergleichen, die nicht seine Erziehung genossen haben. Er könnte überheblich werden und zynisch auf die anderen herabblicken (vgl. E: 486f.). Um dies zu vermeiden, muss Emile lernen, dass auch er nicht fehlerfrei ist. Der Erzieher arrangiert Situationen, in denen Emile scheitert, ohne dass er um den inszenierten Charakter dieser Situationen wissen darf.

Eine zweite Aufgabenstellung besteht darin, Emile die Zerrissenheit der menschlichen Existenz vor Augen zu führen. Er soll die ambivalente Situation des Menschen verstehen lernen. Zugleich aber soll ihm eine Perspektive gegeben werden, die einen positiven Ausweg weist und die ihm gleichsam ein reflexives Verhältnis zu jener menschlichen Verfasstheit ermöglicht, deren Voraussetzungen er aufgrund seiner bisherigen Erziehung schon erfüllt: derjenigen des »wahrhaften Menschen«. Eben dies ist die Aufgabe des savoyischen Vikars, jenes alten Priesters, der Emile in eine religiöse Vorstellungswelt einführt und ihm die Bedeutung des Gewissens erklärt. Dieser Vikar wird als eben jener »wahrhafte Mensch« vorgestellt, der »Tugend ohne Heuchelei, die Menschlichkeit ohne Schwäche, die immer gerade und einfache Sprache und ein seinen Reden immer entsprechendes Verhalten« (E: 542) – kurz: eine sich mit sich im Einklang befindende Identität verkörpert. Der Vikar wird Emile die Bedeutung des Gewissens erklären. Er wird auf die Grenzen der Vernunft hinweisen und darauf, dass nur die spontane Regung des Gewissens die Vernunft vor ihren Irrtümern bewahren kann. Er wird damit den Vorrang unmittelbarer, dem Individuum nicht verfügbarer Gefühle vor der Vernunft betonen. Dabei geht Rousseau davon aus, dass es in allen Kulturen die gleichen Ideen von Gerechtigkeit, von »gut« und »böse« gibt (vgl. E: 589). Diese

Ideen stehen für eine durch Gott gestiftete Ordnung, in der der Mensch seinen Platz hat.

Das Bekenntnis des savoyischen Vikars, das Gott als ersten Beweger, die natürliche Ordnung und die Vernunft in ein Verhältnis setzt, bildet eine Betrachtung, die Emile Stand gibt. Sie soll ihm erlauben, sich selbst und seinen Platz in der Welt zu verstehen. Er soll seine Möglichkeit erkennen, mit dem savoyischen Vikar, der das verkörpert, was dem natürlichen Menschen in der Gesellschaft möglich ist, gleichzuziehen. Er soll erkennen, was ihm möglich ist.

Wenn er das begriffen hat, verbleiben zwei weitere pädagogische Aufgaben. Zum einen ist es nun möglich, von dieser Warte aus einen gleichsam ethnologischen Blick auf die soziale Welt zu werfen. Emile verfügt nun über einen Standpunkt der Identität mit sich selbst, der es ihm erlaubt, die politischen, ökonomischen und sozialen Verhältnisse in der Welt kritisch und distanziert – gleichsam von außen – zu betrachten. Der Erzieher wird die Einnahme dieser Perspektive durch Reisen fördern, auf denen Emile etwas über politische, ökonomische und soziale Verhältnisse lernt und mit den Grundideen des »Gesellschaftsvertrags« vertraut gemacht wird. Diese Grundideen, die Idee vom »Ur-Vertrag« und vom »allgemeinen Willen«, bilden dabei die Entsprechung zu einem mit sich identischen Individuum. Sie geben das Bild ab, in dem die Ordnung der Welt mit der formalen Identität des Individuums in Einklang gedacht werden kann.

Zum anderen wird Emile mithilfe der Einbildungskraft, die nun auch ihren Doppelcharakter enthüllt, auf sein späteres Leben vorbereitet. Die Einbildungskraft ist für Rousseau nicht nur ein Vermögen, das zur Bildung fantasierter Bedürfnisse und Wünsche beiträgt und daher gefährlich ist. Sie ist auch das Vermögen zur Produktion von Idealbildern. Mithilfe solcher Idealbilder aber lassen sich die Leidenschaften lenken. Rousseau zeigt dies sowohl am Beispiel Emiles wie auch am Beispiel seiner zukünftigen Frau: Sophie. Beider Wünsche werden durch Idealbilder gesteuert, die dann ihre Konkretisierung im jeweils anderen finden. Emile bildet jenes Idealbild eines Mannes, auf das hin Sophie schon von Kindheit an orientiert wurde; und Sophie ist jene »ideale Gefährtin«, die der

Erzieher Emile vor Augen führt, um ihn von kurzfristigen Abenteuern abzulenken.[6]

Rousseaus Bild der Geschlechter ist dabei – worauf noch einzugehen ist – komplementär definiert: <u>Frauen und Männer sind nicht gleich, sondern ergänzen sich in einem hierarchischen Verhältnis.</u> Rousseaus Ideal besteht in einem patriarchalischen Leben auf dem Lande. In diesem patriarchalisch dominierten Verhältnis der Geschlechter ist die Übereinstimmung von Wünschen und Fähigkeiten auf beiden Seiten institutionalisiert. Das patriarchalische Landleben bildet einen Rahmen, der für die Realisierung der von Rousseau konzipierten Geschlechtsrollen die optimalen Voraussetzungen bietet.[7]

Dass auch unter diesen Bedingungen die Identität des Individuums mit sich selbst nicht garantiert ist, dass auch diese Bedingungen nicht automatisch die Übereinstimmung von göttlicher Ordnung, Vernunft und individuellem Glück bedeuten, zeigt Rousseau in seinem Roman »Julie oder Die neue Héloise«, aber auch in dem Fortsetzungstext des »Emile«: »Emile und Sophie oder die Einsamen«. Mit dem Jugendalter und seiner Bewältigung sind nur die

6   Rang spricht von der Jugend als jener Zeit der »Erziehung zur Liebe« im Gegensatz zur Kindheit als jener Zeit einer »Pädagogik des Leidens« (vgl. Rang 1963, S. 84ff.). Was die Orientierung der Leidenschaften angeht, so stimmt dies. Wenn man aber das Gesamt der Jugenderziehung bei Rousseau betrachtet, so ist damit eine Verkürzung verbunden. Die Bildung eines Urteils über soziale Verhältnisse auf der Folie der Ideen des »Gesellschaftsvertrags« oder die Versuche, Emile eine adäquate (und nicht überhebliche) Einschätzung seines eigenen Selbst zu vermitteln, lassen sich so kaum einordnen.

7   Man könnte sagen, dass sich Rousseau bei der Konzipierung seiner Vorstellung des »patriarchalischen Landlebens« nicht vom Modell der Kleinfamilie und der ihr entsprechenden romantischen Liebe leiten lässt, sondern von der traditionellen Konzeption des »ganzen Hauses«, jener Einheit von Wirtschafts- und Sozialeinrichtung. Die romantische Liebe und die mit ihr anvisierte Exklusivität der Zweierbeziehung ist das Gegenbild, vor dessen Versuchung sich Julie, die weibliche Hauptfigur der »Nouvelle Héloise«, schützen muss.

subjektiven Voraussetzungen gegeben, unter den widrigen Umständen der Gesellschaft und der wechselseitigen Abhängigkeiten zu versuchen, mit sich selbst identisch zu sein. Solche Versuche sind nicht frei von Leid, weshalb Rousseau betont, dass eine der bedeutsamsten Lernerfahrungen die ist, Leid ertragen zu können.

3.2 Die Natur als Jenseits: Die Ausgrenzung des Sozialen in der Kindheit

Wenn Emile erst mit der Pubertät die Bedeutung der sozialen Beziehungen entdeckt; wenn hier auch erst die Beziehung zu seinem Erzieher für ihn als soziale erkennbar wird, dann bedeutet dies, dass in den drei Phasen der Kindheit die pädagogische Beziehung nicht als soziale in Erscheinung getreten sein darf. Eine solche Vorstellung mutet seltsam an. Wenn der Erzieher etwa in der ersten Phase die Wünsche des Kindes wahrnimmt und entscheidet, ob er sie erfüllt, ob er also die fehlenden Fähigkeiten des Kindes mit seiner Hilfe ersetzt, dann ist man doch geneigt, dies als eine soziale Beziehung zu verstehen. Man könnte vielleicht annehmen, dass es sich um eine soziale Beziehung handelt, dass diese nur dem Kind noch nicht als solche bewusst ist. Doch eine solche Sichtweise trifft nicht das, was Rousseau meint, wenn er davon spricht, dass die Entwicklung von Kindern sich am Gesetz der (natürlichen) Notwendigkeit zu orientieren habe, die durch die Widerständigkeit der Dinge gewährleistet ist. Eine solche Notwendigkeit ist für das Kind nur dann lückenlos gegeben, wenn auch der Erzieher sich an sie hält. Verlangt ist also nicht nur, dass das Kind die soziale Beziehung zum Erzieher nicht als soziale begreift; gefordert ist außerdem, dass diese Beziehung nicht wie eine soziale Beziehung gestaltet ist. Der Erzieher muss darauf verzichten, als Person, die erlaubt, verbietet, befiehlt oder gewährt, als Person, die selbst empfindet, enttäuscht ist oder mit Liebesentzug droht, in Erscheinung zu treten. Nur dann ist die Erziehung »natürlich«.

Die reine »Natürlichkeit« ist für Rousseau nur in der Unmittelbarkeit einer Identität mit sich selbst gegeben, in der das Verhältnis von Wünschen und Befriedigung als direktes unterstellt werden kann. In der Gesellschaft ist diese Unmittelbarkeit in der Befriedigung von Wünschen nicht gegeben. Die anderen Menschen treten nicht nur zwischen Wünsche und Befriedigungsmöglichkeiten, weil sie als Moment der Wünsche selbst auch noch die Möglichkeit zu ihrer Befriedigung mitbestimmen; sie verändern auch die Qualität der Wünsche und sie bestimmen, welche Fähigkeiten man auf welche Weise zu gebrauchen lernt. In der Gesellschaft »natürlich« bleiben zu wollen setzt voraus, dass man sich am formalen Gleichgewicht von Wünschen und Fähigkeiten orientiert. Es setzt voraus, dass man sich an einem Ziel orientiert, das jenseits der Gesellschaft liegt – im Naturzustand, der von jeder gesellschaftlichen Vermittlung freien Übereinstimmung mit sich selbst. Die Orientierung auf ein solches Ziel hin soll soziale Abhängigkeiten vermeiden.

Nun ist aber das Kind in der Ersten und zweiten Phase seines Lebens gerade durch seine Abhängigkeit definiert. Es ist nicht in der Lage, seine Wünsche mithilfe entsprechender Fähigkeiten zu erfüllen. Ohne andere Menschen, die ihm helfen, wäre es zumindest in der ersten Phase nicht lebensfähig. Und auch für die zweite Phase gilt, dass das Kind ein schwaches Wesen ist, dessen Schwäche kompensiert werden muss. Diese Hilfe, die Kompensation der ihm noch fehlenden Fähigkeiten, wird für Rousseau auf jeden Fall so erfolgen müssen, dass sie das Kind nicht in einem sozialen Sinne abhängig macht. Das Kind darf den Erzieher nicht als jene Person wahrnehmen, die es in der Hand hat, seine Bedürfnisse zu befriedigen oder diese Befriedigung zu verweigern. In einem solchen Fall würde es lernen, sich als jemanden zu begreifen, der der Willkür eines anderen Menschen ausgeliefert ist. Und es würde alles daran setzen, den Willen des anderen in seinem eigenen Sinne zu verändern.

Um dies zu vermeiden, plädiert Rousseau dafür, dass sich der Erzieher bei seiner Hilfestellung dem Kleinkind gegenüber zum einen auf das Notwendigste beschränkt. Nur »natürliche« Bedürfnisse sollen befriedigt werden. Zum anderen ist es bedeutsam, dass auch dabei die Subjektivität des Erziehers keine Rolle spielt. Im Idealfall agiert er wie ein Automat oder – in einem anderen Bild –

Erzieher

wie eine Prothese, die die zur Befriedigung der Wünsche notwendigen Fähigkeiten ermöglicht. Auf keinen Fall darf der Erzieher launisch sein, eigene Vorlieben oder Abneigungen zum Ausdruck bringen. Er darf auch nicht inkonsequent sein und etwa im einen Fall helfen und im anderen – gleich gelagerten – Fall seine Hilfe verweigern, weil er gerade etwas Besseres zu tun hat. Der Erzieher ist eine Funktion des Erziehungsprozesses: Er hat keine anderen Aufgaben und kein anderes Leben jenseits des Erziehungsprozesses. Als Menschen in anderen sozialen Zusammenhängen gibt es ihn nicht: Er ist nicht verheiratet und hat keine Liebschaften oder Freunde. Außer dem Zögling gibt es in seinem Leben keine Menschen, die eine Bedeutung für ihn hätten. Deshalb sagt Rousseau auch, dass man nur einmal Erzieher sein kann: Der Erzieher opfert sein Leben einem Zögling, den er nicht nur bis zum Erwachsenenalter begleitet, sondern den er auch weiterhin beraten wird.

Dennoch weiß auch Rousseau, dass eine solche Ausgrenzung des Sozialen nicht einfach ist. Auch wenn der Erzieher sich persönlich zurücknimmt, heißt dies noch nicht, dass die Situation nicht doch von beiden Seiten als eine definiert ist, in der es um Abhängigkeit und Dominanz geht. Diese Dimension ist in jeder Interaktion gegeben – selbst in der Interaktion mit dem Säugling.

> »*Das Kind schreit schon bei der Geburt. Seine früheste Kindheit vergeht mit Weinen. Mal wiegt man es hin und her, um es zu beruhigen und zu trösten; mal droht man ihm und schlägt es, damit es Ruhe gibt. Entweder handeln wir so, wie es ihm gefällt, oder verlangen, dass es sich gebärdet, wie es uns passt. Entweder unterwerfen wir uns seinen Launen oder das Kind den unsrigen. Es gibt keinen Mittelweg – entweder gibt das Kind die Befehle oder es empfängt sie. So sind seine ersten Vorstellungen die der Macht und die der Knechtschaft.*« (E: 129)

Die Dimension von Macht und Abhängigkeit strukturiert soziale Beziehungen bereits, bevor die Kinder denken können. Rousseau schildert einen Fall, in dem eine Amme diese Dimension als solche eskalieren lässt:

>*»Nie werde ich den Anblick eines solchen lästigen Schreihalses vergessen, der von seiner Amme geschlagen wurde. Er schwieg augenblicklich. Ich glaubte, er sei eingeschüchtert. Ich sagte mir: das wird eine Sklavenseele, von der man nur mit Strenge etwas erreicht. Ich irrte: das Unglückswesen erstickte vor Zorn, es bekam keine Luft mehr und ich sah es blaurot anlaufen. Einen Augenblick später kamen schrille Schreie, alle Zeichen des Grolls, der Wut, der Verzweiflung dieses Alters waren aus ihnen herauszuhören.«* (E: 164)

Rousseaus Vorschlag besteht darin, dass Kinder nur von Dingen Widerstand erfahren dürfen. Das Kind muss lernen,

>*»dass es nichts zu befehlen hat: weder den Menschen, denn es ist nicht ihr Herr, noch den Dingen, denn sie hören nicht«* (E: 165).

Da Säuglinge aber aufgrund ihrer mangelnden Fähigkeiten zwischen dem Widerstand von Menschen und demjenigen von Dingen keinen Unterschied machen, ist es gar nicht so einfach, dies dem Kind beizubringen. Da zudem der Erzieher über die Fähigkeiten verfügt, dem Kind den Widerstand von Dingen zu ersparen oder das Kind diesem Widerstand auszusetzen, verschärft sich das Problem. Was auf der Seite des Kindes aussieht wie die Widerständigkeit von Dingen, an denen niemand etwas ändern kann, erscheint aus der Perspektive des Erziehers als Verfügung noch über das, was in der Welt als Widerstand erscheint. Er ist es, der die Dinge für das Kind arrangiert derart, dass es deren Widerstand im von ihm vorausgesehenen und gewollten Sinne erfährt. Er bestimmt nicht nur darüber, welche Bedürfnisse legitim und »natürlich« sind, sondern auch darüber, welchen Charakter die Welt für das Kind annimmt.

Vor dem Hintergrund der Orientierung am Konzept einer Identität mit sich selbst ist eine solche Abhängigkeit des Kindes kaum zu rechtfertigen. Die Antwort, dass der Erzieher immer schon wisse, was »natürliche« und was »fantasierte« Wünsche sind, verschiebt dieses Problem nur. Woher will der Erzieher das wissen?

Rousseau versucht, sich diesem Problem zu entziehen, indem er mit einer Verschiebung im Naturbegriff arbeitet. Gemeinhin gilt als »natürlich« bei ihm das, was bisher als möglichst unmittelbares Gleichgewicht von Wollen und Können dargestellt wurde. Hier aber gewinnt »natürlich« eine andere, zusätzliche Bedeutung. »Natürlich« bezeichnet hier auch die subjektiv erfahrene Widerständigkeit der Dinge: die von den Menschen unabhängige und unveränderbare Notwendigkeit natürlicher Abläufe. »Natürlich« heißt Naturnotwendigkeit oder Naturgesetzlichkeit. Indem Rousseau das Wort »natürlich« in beiden Bedeutungen gleichzeitig verwendet, sieht es so aus, als ob die »Natürlichkeit« der Identität mit sich selbst etwas zu tun hätte mit der »Natürlichkeit« von Naturgesetzen. Es scheint so, als sei es der Bezug auf die Dinge und ihre Gesetzmäßigkeit, der die Identität mit sich selbst sichert. Die »Natürlichkeit« der (arrangierten) Gesetzmäßigkeit scheint der »Natürlichkeit« der (vom Erzieher gewährten) Identität des Kindes mit sich zu entsprechen.

Diese Sichtweise bestimmt auch das Verhältnis des Erziehers zum Kind in der zweiten Lebensphase. Auch hier sind nur »natürliche Widerstände« erlaubt.

>»Ich sagte bereits, dass eurem Kind nur etwas bewilligt werden soll, wenn es dessen bedarf, nicht aber, wenn es danach verlangt; es soll nichts aus Gehorsam tun, sondern aus Notwendigkeit.« (E: 204)*

In dieser kurzen Passage sind noch einmal die diskutierten Probleme vereint. Das Kriterium für die Wünsche des Kindes bildet nicht die Tatsache, dass das Kind eben diese Wünsche hat. Es ist der Erzieher, der entscheidet, ob die Wünsche einen »wirklichen und natürlichen« Bedarf darstellen oder bloße Verirrungen des Kindes. Das ist eine kaum zu überbietende Machtposition. Auf der anderen Seite aber soll das Kind, das damit als vollständig abhängig definiert ist, nichts aus Gehorsam tun. Das heißt: Als abhängiges Wesen soll es nichts aus wahrgenommener Abhängigkeit tun. Die natürliche Notwendigkeit, aus der heraus es handeln soll, ist aber eine vom Erzieher bestimmte. Als solche jedoch ist sie eben keine Naturnotwendigkeit. Rousseau weigert sich nun allerdings, diesen Unterschied zwischen »Natur« und »Arrangement«, zwischen »natürlicher Notwendigkeit« und einer auf Macht beruhenden Beziehung zum Kind, zu machen. Wenn er diesen Unterschied berücksichtigen und diskutieren würde, könnte er sich dem Rechtfertigungsproblem nicht entziehen. Er müsste auf die Frage antworten, ob eine Identität mit sich selbst, die auf Fremdbestimmung beruht, diesen Namen verdient.

Die Weigerung, zwischen Naturnotwendigkeit und vom Erzieher bestimmter Notwendigkeit zu unterscheiden, hat also einen bedeutsamen Stellenwert für die pädagogische Theorie. Heute würde man sagen, dass sie dazu dient, die Paradoxie pädagogischen Handelns zu verschleiern. Diese Paradoxie besteht darin, dass die pädagogische Absicht etwas will (natürliche Entwicklung), das sie nicht wollen kann, wenn sie möglich sein will (als Einflussnahme).[8] Wenn der Erzieher das definiert, was natürlich sein soll, dann ist das Natürliche ein von ihm Gewolltes und damit nicht natürlich im Sinne von naturnotwendig. Wenn das Natürliche aber als das Naturnotwendige verstanden wird, dann ist es etwas, das sich unabhängig von seinem Willen entwickelt. Mehr noch: Es ist etwas, in dem sein Wille nur als Störfaktor wirken kann.

Es wurde darauf hingewiesen, dass dieser schroffe Gegensatz von Naturzustand und Gesellschaft in der Anthropologie Rousseaus aufgeweicht wird. Die Gesellschaft bietet danach Bedingungen, die vom Individuum zur Vervollkommnung seiner Fähigkeiten genutzt werden können, die aber auch ein Scheitern nicht ausschließen. Es wurde gesagt, dass diese Möglichkeit des Scheiterns für Rousseau die Notwendigkeit der Erziehung begründet. Dies aber hieße zugleich, dass die Notwendigkeit und damit auch die ganze Ambivalenz einer sozialen Beziehung zwischen Erzieher und Zögling gegeben wäre. Was Rousseau jedoch nicht will, das ist genau diese Ambivalenz. Der Entwicklungsprozess des Emile soll ge-

---

8 Als Beispiel für die Thematisierung dieser Paradoxie sei auf Benners »Allgemeine Pädagogik« verwiesen (vgl. Benner 1987, S. 71).

rade nicht als ein Prozess dargestellt werden, der an jeder Stelle scheitern kann. Die Darstellung dieses Entwicklungsprozesses soll vielmehr beweisen, dass mithilfe der Pädagogik es möglich ist, diesen Prozess *notwendig* zur Vervollkommnung zu führen. Der Entwicklungsprozess des Emile soll als lückenloser Vervollkommnungsprozess dargestellt werden. Deshalb ist die Ambivalenz einer sozialen Beziehung störend, die immer in eine Auseinandersetzung um Macht und Abhängigkeit umschlagen kann.

Emile erhält daher seine Lektionen nicht vom Menschen, sondern von der Natur (vgl. E: 264). Das Nein des Erziehers ist eine solche Natur:

> *»euer Nein muss wie eine eherne Mauer sein; ist das Kind fünf- oder sechsmal vergeblich dagegen angerannt, wird es nicht mehr versuchen, sie umzustürzen«* (E: 209).

Die Äußerung des Erziehers muss mit der Konsequenz eines Naturgesetzes gelten. An ihr darf so wenig Zweifel erlaubt sein wie an der Schwerkraft. Man könnte dies auch so formulieren, dass der Erzieher vom Kind als Naturgewalt und nicht als soziales Wesen wahrgenommen werden soll. Nur wenn das Nein des Erziehers mit der Widerständigkeit der Natur, der Dinge identifiziert wird, ist die Gefahr gebannt, dass Machtprobleme eine Rolle spielen können.

Man könnte versucht sein, sich unter Rückgriff auf die christliche Mythologie zu fragen, ob hier nicht der Teufel mit Beelzebub ausgetrieben werden soll. Um das Machtproblem, welches aus sozialen Beziehungen niemals ganz zu tilgen ist, loszuwerden, scheint es so, dass Rousseau den Erzieher mit absoluter Macht ausstattet und den Zögling über seine ebenso absolute (weil ihm als solche nicht bewusste) Abhängigkeit definiert. Nur wenn die Rollen so klar verteilt erscheinen, dass die Macht nur auf der einen und die Abhängigkeit nur auf der anderen Seite ist, scheint die Auseinandersetzung um Macht gebannt zu sein.

Rousseaus anthropologische Entwicklungsperspektive stützt die Möglichkeit einer solchen Vorstellung. Die Kindheit bildet für ihn ein Alter, in dem die Kinder sich noch nicht als soziale Wesen begreifen. Sie haben noch nicht die Eigenliebe entwickelt, die den Vergleich mit anderen sucht und die den Menschen dazu bringt, besser sein zu wollen als die anderen. Sie haben noch keine Leidenschaften entwickelt, die sich auf andere Personen richten: So spielt denn auch Zuneigung zwischen dem kindlichen Emile und seinem Erzieher keine Rolle. Kinder sind keine sozialen Wesen – jedenfalls »von Natur aus« nicht. Sie können zu solchen sozialen Wesen werden und das ist nur als Katastrophe vorstellbar. Das vor Wut wegen ungerechter Behandlung schreiende Kind war ein solches Beispiel. Die mit der sozialen Interaktion gegebene Auseinandersetzung um die Durchsetzung von Wünschen etwa ist ein anderes. Sobald eine solche Auseinandersetzung stattfindet, wird taktisch gehandelt: Man versucht, den anderen zu überzeugen, zu überreden, unter Druck zu setzen, zu zwingen. Überzeugen kann man ihn häufig nur, wenn man ihm ein bestimmtes Bild von sich selbst vermittelt, von dem man weiß, dass er es mag. Dies alles bildet für Rousseau ein Verfehlen der Identität mit sich selbst. Er versteht daher die Erzieher nicht, die ihre Kinder mit Ehrgeiz, mit der Konkurrenz zu anderen oder der Eitelkeit, besser zu sein als die anderen, motivieren wollen (vgl. E: 209). Es ist wichtig zu sehen, dass er dies nicht wegen der Einführung der Eigenliebe ablehnt: Diese hat ja durchaus auch positive Entwicklungspotenziale (vgl. E: 505). Rousseau lehnt diese Erziehungsmittel ab, weil sie für die Kindheit gefährlich sind: also für eine bestimmte Entwicklungsphase.[9] Anders formuliert: Obwohl die Eigenliebe auch später etwas Ambivalentes und damit potenziell Gefährliches bleibt, ist sie im Alter der Kindheit nur als Gefahr zu betrachten. Gefährlich ist sie aber deshalb, weil sie das Kind in einem Alter, in dem es sich noch nicht als soziales Wesen begreift, zu einem solchen sozialen Wesen macht. Damit ist in den Augen Rousseaus alles verloren.

---

9   Dass er dabei nicht immer konsequent ist, sondern etwa einen Wettlauf als pädagogisches Mittel einsetzt, also etwas, das den Vergleich mit anderen geradezu herausfordert, braucht hier nur am Rande erwähnt zu werden.

Dass das Kind sich nicht als soziales Wesen betrachtet, gilt auch noch für die dritte Entwicklungsphase: das Alter von 12 bis 15 Jahren. Dieses Alter bildet eine Übergangszeit. Dies zeigt sich daran, dass nun das Gesetz der Notwendigkeit durch das Kriterium der Nützlichkeit ersetzt wird. Das aber heißt, dass nun das Kind selbst Kriterien anwendet. Während die Notwendigkeit vorher etwas war, das ihm keine Entscheidungsfreiheit ließ, wird es jetzt in die Position versetzt, selbst über die Nützlichkeit urteilen zu können. Als Übergangszeit ist diese Phase auch deshalb zu verstehen, weil das Soziale nun beginnt, eine Rolle zu spielen. Über das, was nützlich ist, kann man sich verständigen, könnte man theoretisch sogar unterschiedlicher Meinung sein. Rousseau thematisiert dieses Problem nicht. Er zieht es vor, das Soziale unbestimmt zu lassen. Dies ist möglich, weil er für diese Phase eine Art Kollektivsubjekt, das aus Erzieher und Zögling besteht, in Anschlag bringt. Es gibt einfach keine Meinungsverschiedenheiten zwischen den beiden. Und auch der Erwerb praktischer Fähigkeiten: das Herstellen von Werkzeugen oder das Erlernen des Schreinerhandwerks, erfolgt gemeinsam. Gemeinsam heißt dabei: Auch der Erzieher erlernt das Handwerk. Es heißt nicht: Der Erzieher bringt Emile das Handwerk bei. Der Erzieher vollzieht einen Angleichungsprozess. Beide scheinen nicht nur das gleiche gesunde Urteil zu pflegen, sondern auch hinsichtlich dessen, was sie sich erarbeiten, »auf einer Stufe« zu stehen. Das pädagogische Verhältnis wird zur Symbiose, in der Wille und Fähigkeiten für beide deckungsgleich zu sein scheinen.

In der Symbiose als Vorform der sozialen Beziehung ist jenes »negative« Verständnis von Erziehung nicht mehr notwendig, das für die Kindheit als Phase der Ausgrenzung des Sozialen bedeutsam war.

3.3 Negative Erziehung: Die »kluggeregelte Freiheit«

Das Konzept der »negativen Erziehung« hat eine doppelte Stoßrichtung. Diese ist gleichsam in zwei aufeinander folgenden Schritten darstellbar. In einem ersten Schritt geht es Rousseau darum,

die »positive Erziehung« abzulehnen. Darunter ist ein Erziehungs-
verständnis zu begreifen, das klar formulierte Zielvorstellungen
vorgibt und versucht, die Kinder darauf zu verpflichten. In einem
solchen Verständnis von Erziehung wird der Erzieher – und das ist
für Rousseau das Entscheidende – Gehorsam fordern für das, was
er für richtig hält. Ein solches Erziehungskonzept wird von Rousseau abgelehnt, weil die Forderung nach Gehorsam die Machtproblematik auf den Plan ruft. Dies würde bedeuten, dass das Kind
die Maßnahmen des Erziehers als dessen Willensentscheidungen
interpretieren kann. Das Kind kann sich dann überlegen, ob es mit
diesen Entscheidungen übereinstimmt. Wenn es dies nicht tut,
wird es versuchen, sich zu wehren, den Erzieher durch Schmeicheleien umzustimmen oder ihn unter Druck zu setzen. Es entsteht
dann eine Situation, in der beide Seiten mit allen Mitteln um die
Durchsetzung des von ihnen jeweils Gewollten kämpfen werden:
Es entsteht jene Situation, die Rousseau im Ersten Diskurs kritisierte und die im »Emile« gerade als vermeidbar vorgeführt werden
soll.

Eine »positive Erziehung« wird daher nur scheinbar mit den
gleichen Gründen abgelehnt, die in der Geschichte der Pädagogik
seither immer wieder vorgebracht worden sind. Erziehung, die als
Eingriff in die eigene Entscheidungsfähigkeit des Kindes verstanden werden muss, ist – so lautet diese Begründungsstrategie – moralisch kaum zu legitimieren, wenn man von der Autonomie jedes
Menschen ausgehen muss. Bei Rousseau spielt jedoch diese Konzeption einer moralischen Autonomie, wie sie erst später von Kant
eingeführt werden wird, keine entscheidende Rolle. Den Bezugspunkt seiner Kritik an einer »positiven Erziehung« bildet jene Konzeption einer Identität mit sich selbst: Es geht ihm nicht um eine
in Vernunft gründende Autonomie, sondern um das mit der Authentizität gegebene Glück. Für ihn ist dieses Glück dort am ehesten gewährleistet, wo der Mensch unmittelbar, d.h. ohne jeden Eingriff und jede Abhängigkeit, mit sich identisch sein kann. Es wäre
daher ein Missverständnis, wenn man Rousseau nun unter die
»Antipädagogen« einreihen wollte, die für eine vom Willen des Erziehers möglichst unabhängige Entwicklungsmöglichkeit von Kin-

dern eintreten.[10] Eine solche Perspektive verkennt eben, dass es nicht moralische Gründe, Probleme mit der Legitimation des Eingreifens in die Entwicklung eines Kindes, sind, die Rousseau zur Ablehnung der Macht im Verhältnis von Erzieher und Zögling führen. Sein zweiter Schritt besteht daher auch nicht im Entwurf eines gleichberechtigten Verhältnisses zwischen Erwachsenem und Kind, sondern darin, ein anderes Verständnis von pädagogischer Einwirkung zu fordern. Eben diese Form einer, im Hinblick auf die Ermöglichung einer Identität mit sich selbst, effektiveren Einwirkung nennt Rousseau »negative Erziehung«. Man könnte die »negative Erziehung« wohl am ehesten mit »indirekter Lenkung« übersetzen. »Indirekt« meint dabei zum einen, dass eine solche Erziehung nicht über direkte Forderungen geschieht, die vom Zögling Gehorsam verlangen. Es handelt sich um eine Erziehung, die indirekt in dem Sinne ist, dass sie die Umstände arrangiert, unter denen das Kind aufwächst. Auch das hört sich zunächst so an, als würden Bedingungen arrangiert, unter denen das Kind sich frei entfalten kann.

Eine solche Auffassung greift allerdings insofern zu kurz, als sie zum anderen einen zweiten Aspekt der Rede von der »indirekten Erziehung« nicht berücksichtigt. Dieser Aspekt hängt mit dem Anspruch zusammen, dass eine indirekte Erziehung gleichzeitig auch »natürlich« sein soll.

Die Verbindung von »natürlich« und »indirekt« muss man sehen, wenn man den spezifischen Sinn verstehen will, der bei Rous-

10 Die sich selbst als »Antipädagogik« bezeichnende Richtung der Pädagogik geht wohl eher – gegen Rousseau – von so etwas wie einer guten, sich selbst entfaltenden Identität des Kindes aus, die – wie in den liberalistischen Sozialvertragstheorien – nur dann begrenzt werden muss, wenn sie der freien Entfaltung anderer hinderlich ist. Der Bezugspunkt besteht hier nicht in einer formalen Identitätskonzeption, für die (zumindest unter einer gesellschaftskritischen Perspektive) pädagogische Ermöglichungsbedingungen angegeben werden müssen: Eben das versucht Rousseau im »Emile« und eben dies ist unter der Voraussetzung eines substanzialistischen Identitätskonzepts, das dem Menschen a priori gewisse Charaktereigenschaften zuschreibt, nicht notwendig.

seau mit der »negativen Erziehung« verbunden ist. »Indirekt« ist die »negative Erziehung«, insofern sie zugleich »natürlich« ist. Und »natürlich« ist sie, sofern das Arrangement der Umstände zwei Bedingungen erfüllt. Zum Ersten muss dieses Arrangement dem Kind als natürlich erscheinen, als etwas, das von sich aus eine Antwort fordert, und nicht deshalb, weil ein Erzieher dieses Arrangement aus bestimmten Absichten verfolgt hat. Würde das Kind diese Situation nicht als naturhafte, als unabhängig vom Menschen gegebene, wahrnehmen, so ergäbe sich die gleiche Situation wie bei der »positiven Erziehung«: Es stünde vor der Frage, ob es den hinter dem Arrangement stehenden Absichten des Erziehers gehorchen soll oder nicht. Zum Zweiten ist mit der Natürlichkeit, mit der Naturhaftigkeit der Situation, gemeint, dass die Situation dem Kind keine Wahl- oder Handlungsalternativen lässt. Das Arrangement der Situation muss so sein, dass sie mit Notwendigkeit zu einer bestimmten Perspektive und/oder Handlungsweise führt. Für das Kind soll aus der Situation nur eine Perspektive und/oder Handlungsmöglichkeit folgen: Jede andere Perspektive und/oder Handlungsmöglichkeit soll ihm als unmöglich erscheinen.

Eine solche Verbindung des »Natürlichen« und des »Indirekten« in der »negativen Erziehung« führt in den Augen Rousseaus dazu, dass die indirekte Erziehung noch direkter und effektiver das verfolgt und erreicht, was in der »positiven Erziehung« scheinbar abgelehnt wurde: die Formung des Menschen. Nun dürfte deutlich sein, dass die Ablehnung der »positiven Erziehung« durch Rousseau nicht aus dem Grund erfolgt, dass sie als moralisch nicht zu rechtfertigende Herrschaft verstanden wird. Das, was Rousseau an der direkten Einwirkung stört, ist nicht die Einwirkung als solche, sondern die Tatsache, dass sie meist das Gegenteil von dem bewirkt, was sie beabsichtigt. Durch die Gehorsamsforderung entsteht die Wahrscheinlichkeit, dass Opposition geweckt wird. Das Kind wird dann das Verhältnis zum Erzieher als ein Machtverhältnis verstehen und sich zu wehren versuchen. Damit die Erziehung ihr Ziel erreicht und effektiv die von ihr gewünschten Wirkungen hervorbringt, ist es notwendig, die Strategie zu ändern. Man muss es schaffen, dass dem Kind gar nichts anderes übrig bleibt, als die gewünschten Wirkungen zu zeigen. Eben das erreicht man, wenn es keine andere Chance hat als die, jene Reaktion zu zeigen, die der Erzieher wünscht. Auf diese Weise wird das Kind dann reagieren, wenn es seine Situation, die Bedingungen seines Handelns, als naturgegeben akzeptiert. Dass sein Verhältnis zum Erzieher ein soziales Verhältnis und damit eine Beziehung ist, in der die Machtproblematik und damit die Abhängigkeit vom anderen eine Rolle spielt, muss deshalb aus seiner Weltwahrnehmung ausgeklammert bleiben.

Die Perspektive Rousseaus besteht also nicht darin, illegitime Machtansprüche des Erziehers zurückzuweisen. Sie zielt mehr darauf, eben diese Ansprüche für das Kind zum Naturgesetz zu erheben, was nur möglich ist, wenn der Erzieher als »Urheber« aus seinem Gesichtskreis verschwindet. Rousseaus Konzeption der »negativen Erziehung« ist eine Konzeption totalitärer Erziehung. Sie ist der Versuch einer vollständigen, möglichst lückenlosen Determination der Sicht- und Handlungsweisen des Kindes: »Negativ« meint dann auch, dass dem Kind keine Chance zur Gegenwehr gelassen werden darf. Die Kritik an der »positiven Erziehung« besteht vor diesem Hintergrund letztlich darin, dass diese dem Kind immer noch Spielräume der Verweigerung offen lässt. Rousseaus Kritik der »positiven Erziehung« ist eine an ihrem nichttotalitären Charakter.

In diesem Sinne sind auch jene beiden Grundvoraussetzungen zu verstehen, unter die Rousseau seine Vorstellung einer »natürlichen Erziehung« stellt. Er fordert als unabdingbar für sein Verständnis von Erziehung, dass zum Ersten das Kind nur und ausschließlich dem Erzieher »gehorchen« soll. Damit ist gemeint, dass niemand anderes als der Erzieher ein Recht haben darf, dem Kind Weisungen zu geben. Niemand außer dem Erzieher darf Einfluss auf das Kind nehmen. Alle anderen Menschen, mit denen das Kind in Kontakt kommt, müssen sich dem pädagogischen Arrangement des Erziehers beugen.[11] »Gehorsam« gegenüber dem Erzieher wird

---

11 Eben dies wird an den weiter unten angeführten Beispielen deutlich werden, in denen andere Personen nur insoweit in das Blickfeld Emiles geraten, wie sie eine ihnen vom Erzieher vorgegebene Rolle spielen.

man hier so verstehen müssen, dass damit die Geltung der von ihm gesetzten Bedingungen vom Kind als natürlich akzeptiert wird. Die zweite Bedingung, die sich Rousseau ausbittet, besteht darin, dass Erzieher und Zögling niemals gegen ihren Willen getrennt werden dürfen (vgl. E: 138). Der Einfluss des Erziehers muss als ausschließlicher und als permanenter gewährleistet sein. Eben deshalb wird der Erzieher auch sein Leben vollständig der Aufgabe des Erziehens widmen müssen. Der totalitäre Charakter der Erziehungsaufgabe bannt ihn in diese Funktion und lässt auch ihm keine Wahl.

Auch die Wahl des äußeren Rahmens gehorcht der Absicht einer totalen Verfügung über die Bedingungen des Aufwachsens. Rousseau wählt eine ländliche Umgebung, weil der Erzieher auf dem Land wesentlich leichter die äußeren Bedingungen der Umgebung beherrschen kann, als dies in der Stadt mit ihren vielfältigen Einflüssen je der Fall sein könnte (vgl. E: 217).

Für das Arrangement der Umgebung gilt, dass der Zögling Emile mit dem Gesetz des Möglichen und Unmöglichen konfrontiert wird (vgl. E: 210). Emile wird einsehen müssen, was ihm möglich und was ihm unmöglich ist, und er wird dies für sich als ein in der von ihm nicht beeinflussbaren Natur liegendes Gesetz akzeptieren müssen.

Eine solche Formulierung erlaubt es, die von Rousseau geforderte Notwendigkeit als Grundlage der Erziehung etwas zu präzisieren. Diese Notwendigkeit ist zwar zu verstehen als eine »natürliche Notwendigkeit«, d.h. als etwas, das keine Alternativen lässt. Sie ist aber damit nicht zu verwechseln mit einer Notwendigkeit im Sinne des Behaviorismus. Es geht bei Rousseau nicht um einen als gesetzmäßig unterstellten Zusammenhang von Reiz und Reaktion. Es geht nicht um eine Konditionierung, in der das Kind nur als eine abhängige Variable, als gelenkte Marionette erscheint. Die Situationen, in die Emile gestellt wird, sind komplex. Sie fordern eine Selbsttätigkeit zu ihrer Bewältigung. Emile wird sich – nach den ihm möglichen Fähigkeiten – anstrengen müssen, um die Situation zu begreifen. Emile bleibt als Mensch ein Wesen, dessen Möglichkeiten ambivalente Entwicklungen zulassen. Er kann auf eine Situation daher unterschiedlich reagieren. Eben das macht ja jenen pädagogischen Aufwand notwendig, der garantieren soll, dass dem Kind nach dieser Anstrengung klar werden muss, dass sich für es in dieser Situation nur eine Lösungsmöglichkeit ergibt. Alles andere muss ihm – was vor dem Hintergrund der Anthropologie Rousseaus keineswegs selbstverständlich ist – als unmögliche, gegen die Widerständigkeit der Natur gerichtete Aufgabe erscheinen.

Wenn Rousseau davon spricht, dass das Gesetz des Möglichen und Unmöglichen für Emile unausweichlich werden muss, dann meint er genau dies: unausweichlich nach dem Begreifen der Situation. Nur deshalb ist auch das Gesetz des Möglichen und Unmöglichen vereinbar mit der Idee von Freiheit. Die Idee der Freiheit macht in der Vorstellung einer Kausalbeziehung von Reiz und Reaktion keinen Sinn. Wenn Rousseau sagt:

> »Der wahrhaft freie Mensch will nur das, was er kann, und tut nur, was ihm passt.« (E: 195),

dann ist damit – wie weiter oben erklärt – die Einheit von Freiheit, Natur und Glück angesprochen. Zugleich aber meint Freiheit in diesem Sinne auch Selbstbescheidung. Emile muss lernen, das, was möglich und unmöglich ist, auf sich, auf seine Fähigkeiten zu beziehen. Er muss lernen, seine Wünsche danach auszurichten, was ihm möglich ist. Es wäre schließlich unsinnig, das zu wünschen, was unmöglich ist. Genau darin besteht für Rousseau die »Natürlichkeit« und damit die Möglichkeit einer Übereinstimmung von Wünschen und Fähigkeiten: in der Einsicht in jene Unausweichlichkeit, die sich daraus ergibt, dass man sieht, was einem (aufgrund der eigenen Fähigkeiten) möglich und unmöglich ist. Darauf hat man dann seine Wünsche einzurichten. Dies – so könnte man sagen – bedeutet für Rousseau Einsicht in die Notwendigkeit.

Auch wenn das »Gesetz des Möglichen und Unmöglichen« gebunden ist an die Selbsttätigkeit des Zu-Erziehenden, so ist bei Rousseau eines damit nicht gemeint: eine Bindung an die begründete Einsicht. Es ist nicht das Kind selbst, das die Situation und die durch sie nahe gelegten Sichtweisen und Handlungsmöglichkeiten auf sich als Person bezieht und etwa zu dem Schluss kommt, dass für es als Individuum nur eine Perspektive und Handlung bleibt, dass für andere Individuen mit anderen Fähigkeiten sich vielleicht andere Möglichkeiten ergeben könnten. Dass sich Emile dem »Gesetz der Möglichkeit und Unmöglichkeit« beugt, ergibt sich aus dem Arrangement der Situation: Es ist dieses Arrangement, um dessen Charakter Emile nicht weiß, das alles, was als möglich oder unmöglich erscheint, diktiert.

Was möglich oder unmöglich erscheint, hängt von einem nicht ab: von der Einsicht des Emile in die Begründetheit dessen, was möglich ist. Das »Gesetz des Möglichen und Unmöglichen« soll als Naturgesetz gelten. Dies ist nur dann vorstellbar, wenn es keine Alternativen gibt, wenn Emile sich z.B. nicht vorstellen kann, dass es nur an seinen Fähigkeiten liegt, was ihm möglich oder unmöglich ist; wenn Emile sich nicht vorstellen kann, dass die Situation als solche so verändert werden könnte, dass sie ihm andere Möglichkeiten eröffnet; wenn er sich nicht wünscht, gemeinsam mit anderen Menschen an der Veränderung der Situation zu arbeiten derart, dass deren Hilfe ihm trotz seiner begrenzten Fähigkeiten Raum zur Befriedigung seiner Wünsche gibt usw.

Rousseau rät daher auch dringend von Erklärungen und Begründungen ab: Er bezeichnet so etwas als »Vernünfteln« (vgl. E: 205). Das Einzige, was mit solchen Erklärungen und Begründungen erreicht würde, wäre, dass nicht nur die Situation, sondern damit auch die Sichtweisen und Handlungsmöglichkeiten dem Kind als auch anders möglich vorgeführt würden: Wäre dies nicht so, wozu sollten dann Begründungen und Erklärungen dienen? Allein dass sie gegeben werden, verweist darauf, dass man die Situation auch anders sehen kann, dass ihr Zustandekommen von bestimmten Bedingungen abhängig ist, die möglicherweise veränderbar sind, dass man vielleicht sogar eine Reaktion auf diese so wahrgenommene Situation verweigern kann. Es darf daher nicht darum gehen, dass Emile einsieht, was vernünftig und aus diesem Grunde geboten ist. Dies vorzuschlagen, würde bedeuten, dem Kind die Möglichkeit zuzugestehen, darüber zu befinden, was akzeptabel ist. Rousseau betont demgegenüber, dass Kinder solche Begründungen, die mit Pflichten oder unabweisbaren Ansprüchen operieren, noch gar nicht verstehen können.

Aber die fehlende Kompetenz der Kinder ist – wie gesagt – nicht das eigentliche Problem. Dann müsste ja die gesamte moderne Strategie der Erziehung sinnlos sein, die darauf abzielt, die Einsicht der Kinder in das, was vernünftig ist, zu befördern. An dieser Stelle ist es wichtig, sich das wieder vor Augen zu führen, was oben zur »positiven Erziehung« gesagt wurde. Kindern gegenüber etwas zu begründen, was diese noch nicht verstehen, mag zwar nicht angemessen sein. Viel wichtiger ist aber der Sachverhalt der Begründung selbst. Dadurch, dass man mit Begründungen an die Einsicht der Kinder appelliert, unterstellt man, dass diese Einsicht wichtig sei. Wichtig aber kann eine Einsicht nur dann sein, wenn von ihr abhängt, ob etwas gilt oder nicht. An die Einsicht des Kindes zu appellieren, bedeutet für Rousseau, dass es letztlich von dieser Einsicht abhängt, ob eine Notwendigkeit akzeptiert wird oder nicht. Das aber hieße, dass Notwendigkeiten nur als subjektiv akzeptierte notwendig sind. Dann aber wären es keine Notwendigkeiten in dem Sinne mehr, den Rousseau will: Notwendigkeiten, die einfach und fraglos zu akzeptieren sind, weil sie gleichsam »an sich«, unabhängig von jeder subjektiven Zustimmung gelten. Nur unter der Voraussetzung solcher Notwendigkeiten ist für Rousseau garantiert, dass subjektive Beliebigkeiten in der Weltsicht und Begründungen von Handlungen im Lichte absolut gesetzter Wünsche vermieden werden. Nur dann ist auch die Instrumentalisierung von Begründungen auszuschließen, die die »Wahrheit« dem sozialen Vorwärtskommen oder dem gewünschten Ansehen zu opfern bereit ist und die für Rousseau kennzeichnend ist für den Zustand der Selbstentfremdung. Etwas, das nur unter der Voraussetzung gilt, dass die Individuen es als notwendig akzeptieren, öffnet die Tür zu dieser Selbstentfremdung. Deren Wahrscheinlichkeit ergibt sich schon dann, wenn der Erzieher eine Begründung für notwendig hält. Damit zeigt er an, dass eine solche Sicht der Angelegenheit nicht unausweichlich ist. Andere Perspektiven erscheinen möglich.

Damit wird aber nicht nur der Absolutheitscharakter der Notwendigkeit infrage gestellt. Es ergibt sich eben auch jener Effekt, den Rousseau vermeiden möchte: Nicht nur kann dann als notwendig nur noch gelten, was subjektiv akzeptiert wird, sondern darüber wird diskutiert werden müssen. Wenn unterschiedliche Perspektiven möglich sind, dann rückt mit der Frage nach der Reichweite von Begründungen zumindest in pädagogischen Verhältnissen die Legitimationsfrage in den Vordergrund: Warum soll man angesichts unterschiedlicher Möglichkeiten eine (und nur eine: jene vom Erzieher vorgeschlagene) als notwendig anerkennen? Es ist genau diese Legitimations- und Machtproblematik, die in der Möglichkeit einer Wahl zwischen Alternativen liegt, die Rousseau ausschließen möchte.

Emile darf deshalb nicht wissen, dass die Situationen, in denen er sich wieder findet, arrangiert sind. Wenn er das wüsste, wäre ihm klar, dass es Alternativen gibt. Es wäre ihm klar, dass es hinter dem »Gesetz des Möglichen und Unmöglichen« noch etwas gibt: den Erzieher als denjenigen, der auswählt, was für ihn möglich und unmöglich sein soll. Ihm würde klar werden, dass seine Freiheit, die in der Einsicht in das Notwendige besteht, nur eine Illusion darstellt. Sobald er dies aber erkennen würde, wäre ihm auch bewusst, dass es bei der vermeintlichen Einsicht in die Notwendigkeit darum geht, ein Arrangement und damit: den Willen des Erziehers zu akzeptieren.

Damit Emile sich für frei hält, darf die Natürlichkeit der Situation von ihm nicht infrage gestellt werden. Seine Freiheit beruht damit auf einer eigentümlichen Konstruktion: Sie setzt paradoxerweise voraus, dass er keine andere Wahl hat. Seine Freiheit beruht auf ihrer absoluten Kontrolle durch den Erzieher – also auf seiner unhinterfragten Unfreiheit. Rousseau selbst sagt das so:

> *»Lasst ihn immer im Glauben, er sei der Meister, seid es in Wirklichkeit aber selbst. Es gibt keine vollkommenere Unterwerfung als die, der man den Schein der Freiheit zugesteht. So bezwingt man sogar seinen Willen. Ist das arme Kind, das nichts weiß, nichts kann und nichts erkennt, euch nicht vollkommen ausgeliefert? Verfügt ihr nicht über alles in seiner Umgebung, was auf es Bezug hat? Seid ihr nicht Herr seiner Eindrücke nach eurem Belieben?*

Seine Arbeiten, seine Spiele, sein Vergnügen und sein Kummer – liegt nicht alles in euren Händen, ohne dass es etwas davon weiß? Zweifellos darf es tun, was es will, aber es darf nur das wollen, von dem ihr wünscht, dass es es tut. Es darf keinen Schritt tun, den ihr nicht für es vorgesehen habt, es darf nicht den Mund auftun, ohne dass ihr wisst, was es sagen will.« (E: 265f.)

Die Freiheit des Kindes ist identisch mit seiner absoluten Unterwerfung. Eben das bezeichnet den totalitären Charakter der Erziehungskonzeption Rousseaus für die Entwicklungsphasen der Kindheit. Es ist die Einheit von Freiheit und absoluter Unterwerfung, die das garantiert, was Rousseau die »Natürlichkeit« des Erziehungsprozesses nennt. Diese Einheit ist nur möglich um den Preis eines Ausschlusses des Sozialen: Es ist dieser Ausschluss, der dem Verhältnis des Kindes zur Welt eine Unmittelbarkeit gibt, wie sie für den Naturzustand kennzeichnend war. Es ist dieser Ausschluss des Sozialen, der es Rousseau ermöglicht, davon auszugehen, dass auch unter gesellschaftlichen Bedingungen »natürliche« Entwicklungsprozesse möglich sind. Die »negative Erziehung« muss daher als eine Vorgehensweise betrachtet werden, die mit sozialen und sozial arrangierten Situationen arbeitet und versucht, diesen sozialen Situationen den Charakter von natürlichen, nicht sozial vermittelten und daher: unmittelbaren Zusammenhängen zu geben. Das Verhältnis des Erziehers zum Kind darf dann auch nicht als das erscheinen, was es ist: als soziales Verhältnis.

Wenn man Rousseau gegenüber böswillig eingestellt wäre, könnte man darauf verweisen, dass eine solche Erziehungskonzeption das voraussetzt, was sie abschaffen soll. Wie erinnerlich, geht es Rousseau darum auszuschließen, dass jene Entfremdung stattfindet, die er im Ersten Diskurs kritisiert hatte. Diese beruhte darauf, dass die Menschen nicht mehr mit sich identisch sind und ihre Äußerungen dazu benutzen, andere zu täuschen. Sie wollen als jemand erscheinen, der sie nicht sind, um Ziele durchzusetzen, von denen die anderen nichts wissen sollen. Genau dies ist nun aber auch die Strategie des Erziehers. Auch seine Erziehungsstrategie hängt davon ab, dass der andere, das Kind, nicht um sein »wahres

Wesen« weiß. Auch er erzeugt einen Schein: denjenigen der Natürlichkeit der Situation. Auch er kann seine Ziele nur dann wirklich
effektiv erreichen, wenn der andere ihn in seinen strategischen Ma-
növern nicht durchschaut. Paradoxerweise scheint in der Erziehung zur Identität mit sich selbst genau das notwendig zu sein, gegen das diese Erziehung gerichtet ist: die Selbstentfremdung des Individuums.

Dass aber die Aufhebung der gesellschaftlichen Selbstentfremdung daran gebunden sein soll, dass diese für die Kindheit als Naturgesetz gelten soll, erscheint kaum einsichtig. Mehr noch: Man
ist versucht, jene Kritik, die Rousseau im Ersten Diskurs gegen die
Wissenschaften und Künste mobilisiert hatte, nun gegen das Konzept der »negativen Erziehung« zu wenden. Was den Erzieher betrifft, so könnte man sagen, dass alles, was er tut, nur dem Zweck
dient, etwas, das ihm wichtig ist, beim anderen durchzusetzen. Dazu bedient er sich der Täuschung. Rousseau könnte dagegen allenfalls einwenden, dass der Erzieher dies nicht zu seinem eigenen
Besten, sondern zu dem des Kindes tut. Das aber ist eine äußerst
problematische Argumentation, weil er dafür Gründe vorbringen
müsste. Diese wiederum könnten nur in der Orientierung hin auf
die Identität des Kindes mit sich selbst liegen. Genau diese Identität des Kindes mit sich selbst aber erscheint hier als eine, die mit
der Selbstentfremdung des Kindes zusammenfällt. Diese Selbstentfremdung des Kindes besteht darin, dass das Kind dort, wo es mit
sich und nur mit sich identisch sein soll, diese Identität nur in einem sozial arrangierten Kontext erwirbt – also dort, wo es mit sozialen (pädagogischen) Erwartungen konform geht.

Dass eine solche kritische Perspektive möglich ist, die gleichsam
Rousseaus Entfremdungskritik des Ersten Diskurses gegen seinen
eigenen pädagogischen Versuch wendet, ein Aufwachsen ohne diese Entfremdung vorzuführen, lässt sich leicht an den Beispielen zeigen, mit denen Rousseau sein Konzept der »negativen Erziehung«
zu erläutern versucht.

Als erstes dieser Beispiele mag dasjenige des Konflikts mit dem
Gärtner Robert dienen. Es geht dabei um das Begreifen der Katego-

rie des sozialen Eigentums – also inkonsequenterweise um etwas, von dem das Kind nach Rousseaus Entwicklungstheorie noch keine Vorstellung haben kann. Doch diese Inkonsequenz, in der sich das Problem anzeigt, dass es gar nicht so einfach ist, soziale Einbindungen als natürliche Verhältnisse darzustellen, soll hier nicht im Vordergrund stehen. Emile, der auf dem Lande aufwächst, bekommt ein Interesse an der Bestellung des Bodens. Er möchte einfach ein Stück Boden bearbeiten und Bohnen pflanzen. Der Erzieher hilft ihm dabei, da die Kräfte des Kindes noch nicht ausreichen. Er arbeitet mit Emile zusammen, weil er es gerne tut – »wenigstens glaubt das Kind es« (E: 223). Der Boden wird umgegraben und Bohnen werden gesät. Der Erzieher bestärkt Emile, der das Aufgehen der Bohnen mit Freude erlebt, in dem Glauben, das bebaute Land gehöre ihm. Als Emile aber eines Tages kommt, um seine Bohnen zu gießen, findet er zu seinem Entsetzen das Stück Land umgegraben vor: Das Bohnenbeet ist zerstört. Er ist untröstlich und empfindet ein Gefühl der ungerechten Behandlung. Der Erzieher und von ihm instruierte andere Personen tun so, als ob sie ebenfalls untröstlich seien und suchen mit Emile gemeinsam nach der Ursache des Übels: Es stellt sich heraus, dass es der Gärtner Robert war, der das Beet umgegraben hat. Der aber fühlt sich nun – für Emile vollkommen überraschend – nicht schuldig. Er bezichtigt Emile im Gegenteil, sein bereits bestelltes Beet, in dem er Melonen gesät hatte, zerstört zu haben. Der Gärtner betont, dass das bebaute Land seit langem seiner Familie gehöre und dass noch niemand auf die Idee gekommen sei, einfach das Land eines anderen zu bebauen. Der Erzieher, der so tut, als habe er von allem nichts gewusst, entschuldigt sich bei dem Gärtner. Emile muss einsehen, dass er unrecht getan hat. Eine vom Erzieher vorgeschlagene Lösung besteht darin, dass Emile von dem Gärtner ein Stück Land erhält, das er in Zukunft bebauen kann.

Rousseau resümiert:

> *»Bei diesem Versuch, den Kindern die grundlegenden Begriffe einzuprägen, wird deutlich, wie die Vorstellung vom Eigentum ganz*

natürlich zunächst auf das Recht dessen zurückzuführen ist, der durch seine Arbeit zuerst den Boden in Besitz genommen hat. Das ist klar, deutlich, einfach und dem Begriffsvermögen des Kindes angemessen. Von da bis zum Eigentumsrecht und zum Tauschhandel ist nur noch ein Schritt, nach dem man aber sofort innehalten muss.« (E: 225)

Hier wird deutlich, was »natürliches Arrangement« bedeutet. Die Natürlichkeit schließt die Menschen ein. Diese werden zu Momenten eines Arrangements, das Emile für »Natur« hält, das ihm also mit der Kraft eines unabänderlichen Gesetzes entgegentritt. Selbstverständlich weiß der Erzieher darum, dass der Gärtner das Beet bereits bepflanzt hatte. Er weiß um die Sinnlosigkeit der Aktivitäten des Kindes, die er fördert. Er unterstützt dessen Wünsche und kompensiert dessen fehlende Fähigkeiten. Das aber heißt nichts anderes, als dass er Emile zu jener Identität mit sich selbst verhilft, die nicht nur Freiheit und Glück bedeutet, sondern in der zugleich das Ziel der »natürlichen Erziehung« besteht. Aber diese Identität des Emile mit sich selbst, sein Glück über die Übereinstimmung seiner Wünsche mit seinen Fähigkeiten, ist in diesem Fall – gegen alle Absichtserklärungen Rousseaus – nur ein Mittel zum Zweck. Dieser Zweck besteht in der Einsicht in soziale Abhängigkeitsverhältnisse. Das Eigentum, welches Rousseau im Zweiten Diskurs über die Entstehung der Ungleichheit unter den Menschen noch als den großen Sündenfall in der Menschheitsgeschichte stilisiert, der die Selbstentfremdung unausweichlich gemacht habe, wird nun zu etwas, das die Grenze der Identität mit sich selbst bildet. Die Akzeptanz der Institution des Eigentums und damit: gesellschaftlicher Abhängigkeitsverhältnisse wird in diesem Beispiel höher veranschlagt als die formale Identität von Wünschen und Fähigkeiten. Sie gilt nun als jene »natürliche« Bedingung, die es ermöglicht, dass Wünsche und Fähigkeiten eines Menschen in Übereinstimmung gebracht werden können. Die soziale Institution des Eigentums muss in den Rang eines Naturereignisses gehoben und damit jeder Kritik (wie derjenigen Rousseaus im Zweiten Diskurs) entzogen werden.

Diese (ideologische) Funktion aber ist selbst nur vorstellbar, wenn Emile die Eigentumsverhältnisse als unausweichliches Schicksal wahrnimmt. Dazu wird er letztlich durch das Täuschungsmanöver des Erziehers gezwungen. Dieser tut so, als sei er genauso wie Emile unmittelbar in der Situation befangen. Dabei weiß er von Anfang an um das Unrecht des Tuns. Dies aber offenbart er auch dann nicht, als der von ihm geplante Konflikt stattfindet. Vielmehr verlässt er in dieser Situation die unterstellte Nähe zu Emile und schlägt sich auf die Gegenseite. Allen anderen scheint die Institution des Eigentums als (vor dem Hintergrund dieses Beispiels!) unantastbares »Naturgesetz« klar zu sein – einzig Emile nicht. Emile sieht sich damit – also mit der offensichtlich nicht bezweifelbaren Übereinstimmung der anderen, auch des anderen Teils seiner selbst: des Erziehers – einer Front gegenüber, der er unmöglich widerstehen kann. Er hat keine andere Chance als diejenige, sich dem Möglichen zu fügen und auf das Unmögliche zu verzichten. Seine Wünsche scheitern an der sozial vermittelten Unmöglichkeit, dass es anders sein könnte. Emile muss diese Unmöglichkeit akzeptieren. Das »Gesetz der Möglichkeit und Unmöglichkeit« hängt dann aber in seiner Wirksamkeit vollkommen von einer sozial inszenierten Täuschung ab. Es wirkt dadurch, dass Emile nicht durchschaut, was alle Beteiligten wissen. Davon hängt es ab, dass die Täuschung funktioniert. Seine Selbstgewissheit ist das Ergebnis der Selbstentfremdung der anderen – und damit eine Illusion. Die Täuschung durch die anderen ist Ausdruck jener Selbstentfremdung, die Rousseau im Ersten Diskurs kritisiert hatte. Sie aber bildet die Basis für die Identität des Emile mit sich selbst: Dessen Übereinstimmung von Wünschen und Fähigkeiten beruht auf einem Betrug.

Bsp: Fenster

Das zweite Beispiel – jenes berühmte der zerbrochenen Fensterscheibe – macht dies vielleicht noch deutlicher. Wenn Emile die Fensterscheibe seines Zimmers zerbricht, so soll er dennoch in diesem Zimmer schlafen. Selbst wenn er sich dabei erkältet, wird dies als »natürliche Konsequenz« in Kauf genommen. Irgendwann wird der Erzieher die Fensterscheibe erneuern lassen. Sollte Emile sie daraufhin erneut zerbrechen und somit zeigen, dass er die »natürliche Konsequenz« als solche nicht begriffen hat, ist eine Änderung der Methode notwendig. Der Erzieher wird ihm nun erklären, dass die Scheibe sein Eigentum ist und dass er sich sein Eigentum nicht zerstören lassen will. Er wird Emile dann in einen dunklen, fensterlosen Raum einsperren. Auch wenn Emile daraufhin anfängt zu toben, wird niemand dies beachten. Man wird ihn schreien lassen. Wenn er schließlich darum bettelt, befreit zu werden, wird der Erzieher einen Bediensteten schicken, der dies mit den Worten verweigern wird, dass auch er Fensterscheiben habe, von denen er nicht will, dass Emile sie zerbricht. Schließlich, wenn Emile in den Augen des Erziehers genug gelitten hat, wird jemand anderes dem Kind vorschlagen, mit seinem Erzieher einen Vergleich abzuschließen. Es wird seine Freiheit wiedererhalten, wenn es verspricht, niemals mehr Fensterscheiben zu zerbrechen. Wenn das Kind zustimmt, wird der Erzieher direkt darauf eingehen und ihm sagen, dass diese Übereinkunft vernünftig sei: Sie gereiche beiden Seiten zum Vorteil. Auf diese Weise kann sich Emile eine Vorstellung »von der Heilighaltung der Versprechen und ihrem Nutzen machen« (E: 227).

Es soll hier nicht interessieren, dass Rousseau die Einsicht in den Nutzen als wichtigen Grundsatz erst für eine spätere Entwicklungsphase vorsieht. Wichtiger erscheint an diesem Beispiel, dass sich der soziale Charakter der Situation unmittelbar aufdrängt. Dass Emile in einen dunklen Raum eingesperrt wird, ist – auch für ihn selbst – kaum auf Naturkräfte zurückzuführen, sondern auf den (auch noch begründeten) Entschluss des Erziehers. Man wird kaum sagen können, dass Rousseau hier sonderlich konsequent erscheint. Die Notwendigkeit, die Emile dazu zwingt einzulenken, ist eine doppelte: Zum einen besteht sie in der Ausweglosigkeit seiner Situation. Diese allein ist aber alles andere als hinreichend. Vielmehr legt sie ein Gefühl der Ausgeliefertheit an die Willkür eines anderen nahe, dessen Reaktionen in keinem Verhältnis zum Anlass stehen: Hinzu kommt auch in diesem Fall die arrangierte Eindimensionalität der sozialen Reaktionen. Es ist die ganze Welt, die sich gegen ihn verschworen zu haben scheint. Alle Bezugspersonen verstehen sein Verhalten als unmöglich – und nicht etwa dasjenige des Erziehers. Es ist die Mauer eines unbezweifelbaren sozialen Einverständnisses über das, was möglich oder unmöglich sein soll, die Emile in die Knie zwingt. Das Natürliche ist das direkt einsehbare Soziale. Damit das Soziale als solches von Emile nicht gesehen wird, muss er in eine Situation gebracht werden, die ausweglos erscheint. Mit anderen Worten: Der soziale Zwangszusammenhang muss so total werden, dass er einzig Anpassung als Möglichkeit übrig lässt. Nur wenn die Situation totalitär wird, erhält sie jene Verbindlichkeit und Eindeutigkeit, die das »Gesetz des Möglichen und Unmöglichen« zum Naturgesetz macht. Der totalitäre Charakter der Situation aber beruht auf einer systematischen Täuschung. Nur wenn sie vollkommen ist, wird die Situation totalitär.

Nun dient das ganze Arrangement allerdings dazu, Emile vor dem »Lug und Trug« (E: 227) zu bewahren, der mit sozialen Konventionen verbunden ist. Die Übereinstimmung, die Erzieher und Zögling im Versprechen des Emile erzielen, muss demnach einem solchen konventionellen Charakter entzogen sein. Sie darf für Emile nicht nur den Charakter einer bloßen Vereinbarung haben, die etwa widerrufen werden könnte. Sie muss ausschließen, dass Emile eine solche Vereinbarung nur aus einem strategischen Interesse getroffen hat. Sie muss ausschließen, dass er sich nur verstellt hat, um aus seinem Verließ entlassen zu werden. Auch zur Vermeidung einer solchen Strategie dient der totalitäre Charakter der Situation. Er bewirkt, dass für Emile das gegebene Versprechen nichts anderes ist als die Akzeptanz eines »natürlichen Gesetzes«, das sich in der unentrinnbaren Widerständigkeit der »Dinge« zeigt. Wenn man bedenkt, dass dieser totalitäre Charakter nur durch die Perfektionierung von Lug und Trug auf der Seite der Erzieher zustande kommt, könnte man sagen: Rousseaus Strategie besteht darin, mit eben dieser Perfektionierung von Lug und Trug zu verhindern, dass Emile zu Lug und Trug fähig wird.

Die Strategie ist also paradox. Um ein menschenwürdiges Leben, in dem die Individuen mit sich identisch sein können, zu ermöglichen, scheint in der »negativen Erziehung« die scheinbare Reduktion von Menschen zu bloßen Trägern von Naturgesetzen erforderlich zu sein. Die Verdinglichung der Menschen zu natürlichen Faktoren, die Selbstentfremdung der Menschen von ihrer Identität mit sich selbst, erscheint als Bedingung einer Perspektive auf das Glück der zukünftigen Generation. Nur indem die Kinder einer systematischen Täuschung über sich selbst, ihre Wünsche und Fähigkeiten, unterliegen, scheint somit eine Übereinstimmung dieser Wünsche und Fähigkeiten möglich zu sein, die deren nicht-entfremdete Identität und damit deren Glück bedeutet.

Auch wenn man vielleicht zugunsten Rousseaus vermuten könnte, dass in einer verdorbenen Gesellschaft möglicherweise keine andere Perspektive möglich sein könnte, stellt sich doch eine Frage: Ist jene Übereinstimmung des Emile mit sich selbst, die auf diese Weise zustande kommt, denn wirklich eine, die man mit Glück und Freiheit in Verbindung bringen kann? Um diese Frage beantworten zu können, hilft es weiter, wenn man das theoretische Verhältnis des Emile zu der ihn umgebenden Welt, seine Deutungsmöglichkeiten dieser Welt, näher betrachtet.

3.4 Verbindliche Eindeutigkeit: Sprache und Weltsicht des Emile

Der naturhafte Charakter der sozialen Situation beruht darauf, dass Emile diese nicht als soziale Wirklichkeit begreift: Die Menschen, die ihn umgeben, handeln zwar als Menschen, indem sie ihn beispielsweise verlachen. Aber dass sie das tun, dass sie das alle ohne Ausnahme und in Absprache mit dem Erzieher im Hinblick auf ein bestimmtes Verhalten tun (vgl. E: 271ff.), dies stattet ihr Verhalten mit dem Charakter eines undurchdringlichen Verhängnisses aus. Jeder Mensch scheint sich – aus der Sicht Emiles – in einer solchen Situation gleich zu verhalten. Es erscheint unmöglich, dass sich jemand anders verhält. Erreicht wird durch das vom Erzieher arrangierte Verhalten der Menschen eine Eindeutigkeit des Möglichen.

Das so vermittelte »Gesetz des Möglichen und Unmöglichen« muss eine solche Eindeutigkeit hervorrufen, um für Emile jene naturhafte Verbindlichkeit zu erlangen. Diese Eindeutigkeitsforderung betrifft auch die Sprache als jenes Medium, in dem Emile seine Weltsicht organisiert. Es geht – wie Rousseau häufig betont – darum, klare und eindeutige Begriffe zu ermöglichen. Solche klaren und eindeutigen Begriffe setzen voraus, dass ihre Verwendung in einer Situation gelernt wird, die selbst sinnlich als eindeutig wahrgenommen wird. Klar und eindeutig werden die Begriffe nicht durch ihre Definition, sondern durch die Festlegung ihrer Verwendungsweise in einer als nicht anders interpretierbar erfahrenen Situation. Wenn die Verwendungsweise fixiert ist, so bedeutet dies, dass das Kind nicht die Möglichkeit erhält, mit den Begriffen zu »spielen«, andere Verwendungsweisen zu erproben – vielleicht auch solche taktischer Art: »uneigentliche Verwendungsweisen«, die es auf andere Menschen beziehen und daher von sich selbst entfremden würden.

Es wurde bereits darauf hingewiesen, dass der Preis für die Eindeutigkeit dieser Situationen sehr hoch ist. Damit in solchen Situationen nur eine Sichtweise als legitim gelten kann, ist ein perfektes Täuschungsmanöver notwendig. Erst die lückenlose Täuschung des Emile erlaubt es, dass er eine bestimmte Perspektive als einzig mögliche übernimmt. Entscheidend ist aber, dass die gelernte Verwendung der klaren und eindeutigen Begriffe nicht nur für die aktuelle Situation gilt. Damit dies aber möglich ist, muss auch in anderen Situationen die exakt gleiche Verwendung der Begriffe gewährleistet werden. Wenn Emile also lernt, was »Eigentum« bedeutet, indem er gegen diese Bedeutung verstößt und sich ungefragt Land aneignet, so muss die anschließende Bedeutungsklärung in allen zukünftigen Situationen beibehalten werden. Dies aber bedeutet für die Erziehung die Notwendigkeit einer alle anderen Perspektiven ausschließenden Konsequenz. Einmal eingeführte Begriffe dürfen auch in Zukunft niemals in einer anderen Bedeutung verwendet werden. Erziehung soll die Eindeutigkeit der Welt für den Zögling herstellen. Das aber ist nur möglich, wenn der Erziehungsprozess selbst sich dem Diktat der Eindeutigkeit beugt. Nichts darf hier zur Disposition gestellt werden. Niemals darf über die Verwendung von Begriffen und Konzepten nachgedacht oder diskutiert werden.

Dies zu bedenken ist bedeutsam, weil es für Rousseau um mehr geht als nur um klare Begriffe. Die Bindung der Einführung von Begriffen an das »Gesetz des Möglichen und Unmöglichen«, an die als alternativlos wahrgenommene Eindeutigkeit der Situation, macht nur Sinn, wenn dieses Gesetz auch wirklich Gesetzescharakter hat, d.h., wenn es nicht nur für die Situation gilt, in der Konzepte eingeführt werden. Es geht nicht nur darum, die zukünftige Verwendungsweise von Sprache festzulegen. Es geht also auch nicht nur darum, dass Emile die gleichen Begriffe immer in der gleichen Weise verwendet. Vielmehr bestimmt das »Gesetz des Möglichen und Unmöglichen« mit der Eindeutigkeit und Klarheit von Begriffen auch das, was man sich sinnvollerweise wünschen kann und wofür es sich lohnt, sich einzusetzen. Rousseau geht es nicht nur um die Klarheit der Kognition. Diese ist für ihn vielmehr verbunden mit emotionalen Aspekten. Die Klarheit der Begriffe ist bedeutsam für die Identität der Person, für das, was diese wollen kann und worauf sie ihre Fähigkeiten orientiert. Die vom Kind »begriffene« Eindeutigkeit der Situation und seiner Möglichkeiten macht die Formulierung von Alternativen unvorstellbar. Die »klaren und eindeutigen Begriffe« sorgen dafür, dass das Kind auch in dem, was es sich wünscht, niemals schwankt. Es kann unter diesen Voraussetzungen gar nicht in einen Zustand emotionaler Zerrissenheit, des Schwankens zwischen verschiedenen Wünschen, gelangen.

Am Beispiel des Eigentums: Wenn Emile durch ein perfektes Arrangement gelernt hat, dass Eigentum ohne jeden möglichen Zweifel akzeptiert werden muss, dann hat er auch gelernt, dass Wünsche, die sich dagegen richten, keinen Sinn machen. Auch für seine Wünsche (und nicht nur für die Begriffe) gilt das »Gesetz des Möglichen und Unmöglichen«. Man könnte auch sagen: Nicht das Erlernen einer bestimmten Verwendung von Begriffen ist das entscheidende Problem, sondern dass das Kind diese Begriffsverwendung auch emotional akzeptiert. Das ist im vorliegenden Beispiel dann der Fall, wenn Emile auf jeden Wunsch verzichtet, der sich gegen die Institution des Eigentums richtet. Wenn er das aber getan hat, macht es auch keinen Sinn mehr, Fähigkeiten zu entwickeln, die sich auf die Überwindung der akzeptierten Eigentumsverhältnisse richten. Emile wird also eine formale Identität, ein Gleichgewicht zwischen seinen Wünschen und seinen Fähigkeiten entwickeln können, das sich auf der Basis klarer Begriffe, d.h. auf der Grundlage von als »natürlich« akzeptierten sozialen Institutionen, entfaltet.

Das ist aber noch nicht alles. Entscheidend, vielleicht sogar noch bedeutsamer, ist das, was auf diese Weise ausgeschlossen wird. Verhindert wird eine reflexive Verwendung dieser Begriffe bzw. eher altersgemäß: Vorstellungen. Das, was Emile also unmöglich ist, ist das Einnehmen einer kritischen Distanz gegenüber den so vermittelten Konzepten. Er bleibt, wenn alles so klappt, wie sein Erzieher sich das vorstellt, an die Einführungssituation der Konzepte gebunden. Das, was ausgeschlossen werden soll, ist die Möglichkeit einer reflexiven Distanz: Ausgeschlossen werden soll die Möglichkeit, dass er sich in ein Verhältnis zur Bedeutung der Begriffe setzt. Er soll sich nicht fragen können, ob das denn alles so richtig ist. Er soll sich nicht fragen können, ob seine Wünsche angesichts gesellschaftlicher Einrichtungen nicht auch ihr Recht haben könnten. Solche Zweifel würden ihn unzufrieden machen. Unzufrieden aber ist derjenige, der an seinen Wünschen festhält, auch wenn die (sozialen) Bedingungen zu ihrer Erfüllung nicht gegeben sind. Genau in dieser Unzufriedenheit aber liegt noch jenes Motiv der Kritik, das den Rousseau des Ersten Diskurses beflügelte.

Was Emile lernt, ist, dass es auf sein Selbst im Verhältnis zur Welt, wie sie in klaren und eindeutigen Begriffen angebbar ist, nicht ankommt. Dies ist wohl der tiefere Sinn der Aussage Rousseaus, dass das Erste, was Emile lernen müsse, sei, leiden zu können (vgl. E: 182). Eine solche Vorstellung mag seltsam erscheinen, wenn man bedenkt, dass doch genau dieses Selbst dasjenige ist, um das sich die gesamte Erziehung dreht. Es erscheint paradox, eine Erziehung zu verlangen, bei der es um die Identität des Menschen mit sich selbst »jenseits des Sozialen« geht, und zugleich dieses Selbst sozialen Bedingungen seiner Realisierbarkeit zu unterwerfen.

Man kann sich das Paradoxe dieser Forderung auch an einem anderen Punkt verdeutlichen, der mit der Vorstellung klarer und eindeutiger Begriffe zusammenhängt: demjenigen der Selbsttransparenz.[12] Damit ist gemeint, dass Emile mithilfe der Verwendung klarer und eindeutiger Begriffe zu einer Einheit von Denken, Wollen und Handeln gelangen soll. Er soll nicht anders handeln, als er es will, und er soll nichts anderes wollen als das, was mit seinen Gedanken übereinstimmt. Er soll in die Lage versetzt werden, authentisch zu sein. Er soll so mit sich identisch sein, dass sowohl er selbst wie auch andere immer schon wissen, worum es ihm geht. Anders formuliert: Er soll nicht lügen können.

Nun ist eine solche Selbsttransparenz, das Wissen darum, was in einem selbst vorgeht, durchaus ein Ziel, das Rousseau mit der Aufklärung insgesamt teilt. Der Ausgang aus der »selbst verschuldeten Unmündigkeit« (Kant) setzt voraus, dass man sich über die Konzepte, die man verwendet, Klarheit verschafft. Es setzt voraus, dass man sich auch über die eigenen subjektiven Voraussetzungen, unter denen man etwas sieht, Rechenschaft ablegt, dass man sich beispielsweise bemüht, nicht auf der Basis undurchschauter Vorurteile über andere zu urteilen. Eine solche Selbsttransparenz ist nur möglich, wenn man versucht, sich von allen möglichen Vorurteilen, die die eigene Sichtweise verzerren mögen, zu befreien. Selbsttransparenz in diesem Sinne ist zu verstehen als das Ergebnis eines langen Selbstklärungsprozesses. Sie bildet das Ende eines mühsamen Prozesses der Selbstreflexion.

Ganz anders bei Rousseau. Oberflächlich betrachtet, könnte man sagen, dass Rousseau es gar nicht dazu kommen lassen will, dass sich solche Vorurteile festsetzen, die dann später nur mühsam wieder aufzulösen sind. Das ist einerseits richtig, verdeckt aber andererseits das Problem, um das es hier geht. Emile, so wurde eben

---

12 Diesen Gesichtspunkt der Bindung des Sprachkonzepts Rousseaus an die Selbsttransparenz und mehr noch: an die Vorstellung einer authentischen Kommunikation, in der die Menschen nicht für sich, sondern auch bezogen auf den Kommunikationspartner über uneingeschränkte Transparenz verfügen, hat Starobinski (1988) hervorgehoben.

festgestellt, kann keine Distanz zwischen sich und seinen Vorstellungen einziehen. Eben dies ermöglicht ihm die Identität mit sich selbst. Das, was er sagt, ist immer das, was er meint: und zugleich das, was er will und wofür er sich handelnd einsetzt. Emile ist authentisch, er steht unmittelbar für sich selbst. Aber er tut dies nicht aus freien Stücken: Er hat sich das nicht überlegt und diese Möglichkeit der Authentizität als eine unter mehreren Alternativen gewählt. Seine Authentizität ist eine, zu der es für ihn keine Alternative gibt und zu der es auch in seinem Entwicklungsprozess niemals eine Alternative gegeben hat. Das aber kann man auch so formulieren, dass seine Authentizität nicht etwas ist, in dem er sich als Subjekt ausdrückt. Emile ist vielmehr identisch mit dem, was er ausdruckt. Er *ist* seine Äußerungen – und dies in einem emphatischen Sinne. Hinter seinen Äußerungen gibt es kein davon unterschiedenes Subjekt, das sich in diesen Äußerungen ausdrücken würde – im Bewusstsein darum, dass es immer auch mehr und anders ist als das, was es anderen mitteilen kann. Es gibt kein von diesen Äußerungen unterschiedenes Selbst. Hinter der Sprache des Emile ist niemand, der ihre Bedeutung, die Klarheit und Einfachheit der Begriffe verfälschen könnte. Die Transparenz des Selbst ist identisch mit der Transparenz der Sprache. Die Sprache bildet einen unmittelbaren Ausdruck des Selbst. Je klarer und eindeutiger die Sprache ist, desto klarer und eindeutiger ist das Selbst – wie es sowohl dem Individuum wie auch anderen gegeben ist. Das Verhältnis von Sprache und Selbst ist unmittelbar.

Das Vorbild dieser Unmittelbarkeit findet sich in Rousseaus Theorie der Sprachentwicklung auf einer relativ frühen Stufe. Es handelt sich um das Schreien der Säuglinge, um jene Phase, in der das Kind sich unmittelbar und unverstellt ausdrückt. Die Einführung der Sprache, wie sie für Emile vorgesehen ist, versucht, diesen Status der Unmittelbarkeit auch noch für die Phase eines konventionellen, d.h. sozial etablierten Zeichensystems, aufrechtzuerhalten. Dies geht aber nur unter einer Voraussetzung, die alles andere als selbstverständlich ist. Diese Voraussetzung besteht darin, dass Rousseau davon ausgeht, dass es jenseits der sozialen und konventionellen Bedeutung der Worte so etwas wie eine »ursprüngliche«

Bedeutung gibt. Emile muss lernen, »das Wort in der ganzen Einfachheit seiner ursprünglichen Bedeutung« zu gebrauchen (E: 343).

Hinter einer solchen Auffassung steckt eine Theorie, nach der die »ursprüngliche Bedeutung« der Zeichen mit ihrem Gegenstand identisch ist. »Ursprünglich« sind jene sprachlichen Zeichen, in denen sich der Gegenstand (ihr Referent) direkt und unmittelbar ausdrückt: Daher soll Emile zunächst lernen, »was die Dinge an sich sind, und später, was sie in unseren Augen sind« (E: 394). Die Einheit von Sprache und Gegenstand bildet die Grundannahme, vor deren Hintergrund das zu verstehen ist, was Rousseau mit »klaren und eindeutigen Begriffen« meint. Diese Annahme der Einheit von Sprache und Gegenstand, die Annahme, dass sich die Welt unmittelbar in unserer Sprache offenbart, bildet aber zugleich auch etwas, in dem sich Rousseau von allen modernen Sprachtheoretikern unterscheidet. Wenn etwas die gemeinsame Grundlage moderner Sprachtheorien bildet, dann ist dies die Annahme der Konventionalität der Zeichen: Die Sprache beruht auf gesellschaftlicher Vereinbarung und nicht auf einer Übereinstimmung der Worte mit dem von ihnen Bezeichneten. Es gibt keine »ursprüngliche Bedeutung«, von der dann gesellschaftliche Verfallsformen zu unterscheiden wären. Hinter die Konventionalität der sprachlichen Zeichen kann nicht zurückgegangen werden. Eine Übereinstimmung unserer Worte mit der Wirklichkeit gilt den unterschiedlichen Ansätzen als etwas, über das sich nichts aussagen lässt. Jeder Versuch zu behaupten, dass unsere Sprache mit der Wirklichkeit übereinstimmt, kann selbst nur im Rahmen der Sprache erfolgen. Ein solcher Versuch überschreitet also nicht die Grenzen der Sprache hin auf die Wirklichkeit »an sich«.

Rousseaus Versuch einer Disziplinierung der Verwendung der Sprache geht zu weit. Er möchte verhindern, dass Menschen die Sprache dazu verwenden, unehrlich zu sein. Damit das gelingt, versucht er, das Kind auf eine Verwendungsweise der Sprache festzulegen. Diese Festlegung scheint ihm umso erfolgreicher zu sein, je weniger dem Kind überhaupt Alternativen zur Verfügung stehen. Eine solche extreme Festlegung der Verwendung von Sprache aber würde dann ein kaum lösbares Rechtfertigungsproblem für den Erzieher aufwerfen, wenn man sie als Akt seiner Willkür begreifen würde. Genau dies aber ist sie dann nicht, wenn die Festlegung des Erziehers auf nur eine einzige Verwendungsweise der Sprache mit der »ursprünglichen« Einheit von Sprache und Welt tatsächlich zusammenfallen würde. Erst diese Annahme der Einheit von Sprache und Welt entschuldigt das Vorgehen des Erziehers.

Eine solche Annahme aber nimmt das neuzeitliche Verständnis einer souveränen Subjektivität zurück, der man zumutet, dass sie über die Sprache, in der sie sich ausdrückt, verfügt. Ohne diese Zumutung würde die Forderung der Aufklärung nach Selbsttransparenz keinen Sinn machen. Die Sprachauffassung Rousseaus hat eine andere Konsequenz: Danach verfügt nicht das Subjekt über die Sprache, weil das die Gefahr der Selbstentfremdung bedeuten würde. Diese würde darin bestehen, dass das Subjekt sich in seiner Verwendung der Sprache auf den bloßen Eindruck konzentrieren würde, den es bei anderen Menschen hervorrufen will. Um dies zu verhindern, soll die Sprache über das Subjekt verfügen: Sie darf ihm keine Wahl lassen, wie es sich ausdrücken will.

Nun gibt es auch neuere Theorien der Sprache, die die Unmöglichkeit der Verfügung über die Sprache hervorheben. Jedoch sind diese anders angelegt. Diese Theorien gehen – im Gegensatz zu Rousseau – davon aus, dass Menschen versuchen, mithilfe der Sprache Bedeutungen zu äußern. Aber sowohl für den dekonstruktivistischen Ansatz Derridas wie auch für den hermeneutischen Ansatz Franks[13] entsteht das Problem aus dem Sachverhalt, dass

13 Derrida hat seine Theorie in den 60er-Jahren entwickelt (vgl. ders. 1967). Der Dekonstruktivismus geht davon aus, dass niemand – auch nicht der Dekonstruierende selbst – über das Signifikat verfügen kann. Nicht der Referent des sprachlichen Zeichens bildet den Bezugspunkt, sondern die »inner-sprachliche« Signifikantenkette, in der sich die Bedeutung verschiebt und damit das Bezeichnete ständig verändert. Für Frank (1993) ergeben sich in der Auseinandersetzung mit Derrida dennoch Parallelen zur Hermeneutik. Den Hintergrund bildet dabei allerdings nicht eine Theorie des sprachlichen Zeichens, sondern eine Auffassung der intersubjektiven Verständigung.

die Sprecher nicht: und zwar systematisch nicht in der Lage sind, über die Bedeutung des von ihnen Gesagten zu verfügen. Der Riss zwischen der beabsichtigten Bedeutung und ihrem Sinn ist für diese Ansätze nicht aufhebbar. In der Perspektive Derridas liegt dies daran, dass Bedeutungen ihren Sinn nur im Zusammenhang von Verweisungen auf andere Bedeutungen erhalten. Dieser Verweisungszusammenhang ist für den Sprecher nicht kontrollierbar: Er ist tendenziell endlos und er gibt den Horizont vor, in dem das Geäußerte seinen Sinn gewinnt und verändert. Für Frank ergibt sich ein ähnliches Resultat dadurch, dass der Hörer das Gesagte in einen anderen lebensweltlichen Kontext stellt, als dies vom Sprecher beabsichtigt war. Wenn man bedenkt, dass es viele Hörer oder auch den gleichen Hörer in verschiedenen Kontexten gibt, dann wird auch hier die Vielfältigkeit des nachträglich aufgenommenen Sinnes augenscheinlich. In beiden Perspektiven liegt demnach das Problem der Nicht-Verfügbarkeit über die Sprache darin, dass der Sprecher also immer mehr sagt, als er meint zu sagen.

Eine solche Sichtweise aber kehrt die Perspektive bei Rousseau gleichsam um. Die Nicht-Verfügung über die Sprache hat bei Rousseau nicht den gerade aufgezeigten tragischen Sinn, dass der Mensch das, *was ihm etwas bedeutet*, auszudrücken versucht, ohne über die Bedeutung seiner Worte verfügen zu können. Der Mensch Rousseaus soll über die Sprache nicht verfügen, damit er sich in ihr nicht verliert. Das ist für Rousseau dadurch möglich, dass der Mensch gar nicht erst versucht, *sich selbst,* die Bedeutung, die etwas *für ihn* hat, auszudrücken. Er muss als jene Instanz, die Bedeutungen hervorbringt, ausgeschlossen werden. Die Sprache als solches ist – unabhängig von ihm – immer das, was sie sein soll: ein authentischer Spiegel der Wirklichkeit. Genauso wird das Subjekt, das sich dieser Auffassung von Sprache beugt, auch nichts anderes sein als ein authentischer Spiegel seiner Wirklichkeit. In der Nicht-Verfügung über die Sprache besteht für Rousseau nicht (wie bei Derrida oder Frank) die Voraussetzung dafür, dass der Mensch sich in seinen Äußerungen verfehlt; für ihn ist gerade diese Nicht-Verfügung über die Sprache der Grund dafür, dass der Mensch mit sich identisch ist. Das ist der Grund, warum Emile nicht in der Lage ist zu lügen, zu täuschen oder etwas zu verbergen (vgl. E: 266). Erst sehr viel später – nämlich nach seiner Einführung in die soziale Welt – wird er lernen, was eine Lüge ist (vgl. E: 331). Erst dann wird er eine Distanz zur Verwendung von Begriffen ausbilden. Diese Distanz aber wird immer daran gebunden bleiben, dass er um die einzig adäquate Verwendung weiß. Damit hat und behält er – in den Augen Rousseaus – einen entscheidenden Vorteil gegenüber jenen anderen Menschen, die die Sprache nicht zum Selbst-Ausdruck, sondern unter sozialen Zwecksetzungen verwenden.

Die unmittelbare Festlegung Emiles auf die Verwendung der »ursprünglichen« Bedeutung der Worte verweist auch auf das, was nicht sein soll. Rousseau lehnt die Verwendung »schöner Reden« ebenso ab wie jede Form des »Vernünftelns«. Schmeicheleien werden auf diese Weise mit Begründungsversuchen auf eine Stufe gestellt: Beides ist schädlich im Hinblick darauf, dass der Mensch mit der Verwendung seiner Sprache identisch sein soll. Alles soll daher in der direkten Konfrontation mit den Gegenständen erfahren werden: Es soll die als »natürlich« wahrgenommene Welt selbst sein, die spricht. Etwas aus der Rede von anderen zu entnehmen bedeutet, es nicht richtig zu begreifen. Und mit dem Ersten unbegriffenen Wort ist für Rousseau die ganze Urteilskraft dahin (vgl. E: 249). Die Stoßrichtung ist hier eine doppelte. Zum einen ermöglicht der direkte Kontakt mit den Dingen, dass Worte gelernt werden, die – wie zu zeigen versucht – mit den Dingen vollkommen übereinstimmen sollen. Was die Dinge »sind«, ist nicht abhängig von einer situationsbedingten oder anderen Menschen geschuldeten Sichtweise: Diese mag es zwar geben, aber sie ist immer schon eine Verfälschung. Dies heißt zum Zweiten, dass jede soziale Bedeutungszuweisung von der Bedeutung, die die Dinge »an sich« haben, wegführt. Die Einführung von Worten in einem sozialen Kontext wird niemals eindeutig sein können. Dies liegt daran, dass sie genau jene beiden Ebenen umfasst, deren Unterscheidung Rousseau ausschließen möchte. In der Rede des anderen fallen dessen Interesse, das, was ihn an der Sache bewegt, und die Bedeutung der Sache »an sich«, also unabhängig vom Interesse des Redners, nicht automatisch zusammen. Der Hörer muss zwischen der Äußerungsabsicht des Sprechers und der Bedeutung des Wortes unterscheiden. Dass beides zusammenfallen kann, ist äußerst unwahrscheinlich: Dieser Fall wäre nur dann gegeben, wenn die Subjektivität der Äußerung – also der Grund, aus dem sie für den Sprecher wichtig ist, keine Rolle spielen würde. Diese Unwahrscheinlichkeit ist aber genau das, was Rousseau für seinen Zögling zum unumstößlichen Gesetz machen will.

Der Ausschluss der subjektiven Bedeutung aus der Sprache, seine Identifikation mit der »ursprünglichen Bedeutung« der Worte soll dazu dienen, ein »gesundes Urteil« zu ermöglichen. Es geht – wie Rousseau sagt – nicht um eine Einführung in die Wissenschaft, d.h. um die Vermittlung eines Wissens, mit dem das Individuum umgehen kann, über das es verfügen können soll; es geht vielmehr darum, mithilfe klarer und einfacher Begriffe ein sicheres Urteil zu ermöglichen (vgl. E: 408). Eine solche Perspektive ist aber aus der Sicht einer Sprachtheorie, die auf der Vorstellung einer unmittelbaren Einheit von Sprache und Welt beruht, nicht unproblematisch. Auch hier zeigt sich, dass Rousseau mit seiner Sprachkonzeption zu weit geht: In ihr wird es schwierig, überhaupt von Urteilen zu sprechen. Die Vorstellung einer unmittelbaren Einheit von Worten und Dingen verlangt, dass das Subjekt sich ihr beugt, dass für es die Bedeutung und Verwendung von Worten festgelegt ist. Demgegenüber ist aber die Rede von einem Urteil nur sinnvoll, wenn man die Distanz des Subjekts zu seinen Aussagen unterstellt. Ein Urteil zu treffen setzt voraus, dass eine Alternative besteht, dass sich aus einer Situation verschiedene Schlüsse ziehen lassen. Dies aber ist nur möglich, wenn auch die Situation selbst schon verschieden interpretiert werden kann. Deshalb betont Rousseau auch, dass mit dem Urteil die Möglichkeit des Irrtums gegeben ist. Wer urteilt, der kann den Irrtum nicht ausschließen. Er kann nicht ausschließen, dass er in seiner Interpretation einer gegebenen Situation nicht alle Faktoren berücksichtigt hat; es ist auch möglich, dass ihm in der Bewertung der Faktoren ein Irrtum unterlaufen ist, weil er sich etwa von undurchschauten Wünschen oder Vorurteilen hat leiten lassen.

Damit aber kommt nun eine Spannung in den Ansatz Rousseaus. Einerseits betont er, dass die Einführung klarer und eindeutiger Begriffe ein gesundes Urteil erlauben soll. In der Ermöglichung dieses Urteils liegt der Sinn der beschriebenen Einführung von Sprache, die versucht, deren Verwendung festzulegen. Andererseits ist damit, dass überhaupt geurteilt wird, die Möglichkeit des Irrtums gegeben, die doch gerade mit dem »gesunden Urteil« vermieden werden sollte: Rousseau urteilt (!) daher selbst:

> *»Urteilt nicht, und ihr werdet euch nie täuschen. Das ist die Lehre der Natur sowohl wie der Vernunft.«* (E: 430)

Ein Urteil zu fällen setzt genau jene Distanz des Menschen zu seinen Aussagen voraus, die Rousseau mit der rigiden Einführung von Sprache gerade vermeiden wollte. Mit dem Urteil kommt der Mensch hinter den Aussagen als von diesen nicht vollständig bestimmte Instanz zum Vorschein. Während dessen Transparenz bisher darauf beruhte, dass er sich von dem, was er sagte, nicht unterschied, wird diese Unterscheidung nun zur Voraussetzung seiner Identität. Während er bisher mit sich identisch war, weil er als Subjekt keine Identität jenseits der Sprache hatte, so ändert sich das nun: Mit dem Urteil wird seine Subjektivität als von der Sprache relativ unabhängige, zumindest aber unterscheidbare Instanz zum Thema. Wenn man sich in seinen Urteilen irren kann, dann bedeutet das eben, dass man sich in der Verwendung seiner Sprache von jenen zweifelsfreien »ursprünglichen« Bedeutungen entfernt hat. Die Bedeutung, die eine Aussage nun für den Sprechenden gewinnt, muss nicht mehr mit der »ursprünglichen« Bedeutung zusammenfallen: Dass dies so ist, ermöglicht erst den Irrtum. Damit aber sind zugleich jene Bedingungen gegeben, die oben für die soziale Kommunikation angegeben wurden: die Unterscheidung zwischen dem Selbst und der Bedeutung seiner Äußerungen. Diese Unterscheidung bezeichnet das Problem der Kommunikation – sowohl für denjenigen, der spricht, als auch für denjenigen, der zuhört. Dieses Problem aber macht gerade die Verwendung der Sprache im Bemühen um Verständigung (oder auch Täuschung) zu einem fragwürdigen und endlosen Unternehmen.

3.5   Das Einholen der Natur ins Soziale: Der Verzicht auf das Eigene

Für die Kindheit, d.h. bis zum 15. Lebensjahr, ist in der Perspektive Rousseaus die Sozialität des Menschen etwas, das auszuschließen ist. Dies betrifft nicht nur den Gegenstandsbereich: so als ob das Soziale nur etwas wäre, über das man nicht spricht. Entscheidend ist, dass das Kind sein Verhältnis zur Welt nicht als eines begreift, das es sich gemeinsam und im Konflikt mit anderen erschließt. Auch das Verhältnis zum Erzieher wird von ihm nicht als ein soziales wahrgenommen. Der Erzieher als anderer Mensch »verschwindet« hinter der Widerständigkeit der Welt. Alles kommt darauf an, soziale Beziehungen als natürliche Verhältnisse zu begreifen. Das soziale Arrangement muss als naturgesetzmäßige Notwendigkeit vom Kind wahrgenommen werden. Diese Notwendigkeit betrifft – wie gezeigt – zwei Aspekte: Zum Ersten muss die Wahrnehmung und sprachliche Erfassung der gegebenen Situation als nicht anders möglich, als unausweichlich gelten; zum Zweiten ist gefordert, dass die damit gegebene Vorstellung des Kindes von der Situation ihm eine Handlungsmöglichkeit eröffnet, zu der es ebenfalls keine Alternative zu geben scheint.

Der Ausschluss des Sozialen bedeutet daher zugleich auch, dass das Kind als Subjekt seines Selbst- und Weltverständnisses keine Bedeutung erhält. Es gibt und darf keinen Unterschied zwischen dem geben, was die so als eindeutig arrangierte Situation verlangt, und dem, was das Kind für sich gerne möchte. Es muss die arrangierten Situationen in Begriffen bzw. Vorstellungen wahrzunehmen lernen, die klar und eindeutig, notwendig und verbindlich sind. Es muss auf jeden Spielraum der Interpretation dieser Konzepte verzichten. Dies darf nicht etwa willentlich geschehen; vielmehr darf es gar nicht auf die Idee kommen, dass unterschiedliche Interpretationen möglich sein könnten. Wenn das im Laufe der Erziehung in der Kindheit gelingt, dann bedeutet das, dass zwischen dem Kind, das spricht, und dem, was es sagt, kein Unterschied besteht. Die Person des Kindes ist von ihrer Sprache nicht zu unterscheiden. Sie verfügt über keine Distanzierungsmöglichkeit zu ihren Äußerungen. Dies heißt auch, dass das Kind über keine Möglichkeit verfügt, über sein Verhältnis zur Welt nachzudenken. Wenn es sagt, was es denkt oder fühlt, so handelt es sich dabei um einen direkten Ausdruck seines Selbst: Es wird sich nicht die Frage stellen, ob die Aussage über sein Gefühl mit diesem Gefühl übereinstimmt, ob es eine richtige Formulierung gewählt hat oder ob andere verstehen können, was es sagt.

Es ergibt sich damit also ein doppelter Effekt der Einheit von Sprecher und Gesagtem. Dass zwischen beiden nicht unterschieden wird, beinhaltet einerseits, dass man sich in einem »vorsozialen« Raum befindet, in dem das Problem der Verständigung noch keine Rolle spielt, in dem es noch unwichtig ist, ob das Gesagte mit dem Gemeinten übereinstimmt und ob andere das auch so sehen und verstehen. Andererseits ist damit zugleich gesagt, dass die Individuen kein reflexives Verhältnis zu sich und der sie umgebenden Welt ausbilden können. Sie sind mit ihren Äußerungen identisch und da diese »ursprünglich« sind, werden sie wohl von ihresgleichen auch verstanden werden. Nur unter sozialen Bedingungen, in denen sich das Problem der Verständigung ohne den Rückgriff auf eine unbezweifelbare Bedeutung stellt, ist auch ein reflexives Selbstverhältnis möglich. Dass zwischen der Absicht eines Sprechers und dem, was er sagt, unterschieden wird, erscheint so als Bedingung der sozialen Verständigung wie auch des reflexiven Selbst-Verhältnisses. Wenn es keine »ursprüngliche« Bedeutung mehr gibt, wenn die Bedeutung sozial ausgehandelt werden muss, wenn man sich deshalb über die Bedeutung dessen, was man sagt, Gedanken machen muss, dann heißt das eben auch, dass die Verwendungsweise von Vorstellungen und Begriffen nicht festliegen kann.

Es entstehen jene subjektiven Interpretationsspielräume, die Rousseau zumindest für die Kindheit gerne verhindert hätte. Er muss allerdings berücksichtigen, dass sich soziale Beziehungen und damit eben auch eine Distanz zu dem, was man ist, letztlich nicht vermeiden lassen. Er geht allerdings davon aus, dass der Bruch mit jener unmittelbaren Einheit von Person und Sprache gleichsam »von innen« heraus erfolgt. Es ist die Pubertät, das »Erwachen der Leidenschaften«, wodurch Emile nicht nur den anderen als ein soziales Wesen entdeckt, das *für ihn* wichtig ist, sondern damit eben auch die Notwendigkeit, über sich selbst nachzudenken.

Er entdeckt nicht nur sein Interesse am anderen Geschlecht: Die Leidenschaften führen ihn nicht nur dazu, im Verhältnis zu Frauen stellvertretend die Beziehung zu anderen Menschen als eine soziale wahrzunehmen. Sie als soziale wahrzunehmen bedeutet zum anderen auch, dass sich Einflussmöglichkeiten ergeben. Der andere Mensch gehorcht nicht mehr jenem »ehernen Gesetz der Widerständigkeit der Dinge«: Man kann ihn und damit seine Sicht auf einen selbst beeinflussen. Dass die Sicht des anderen bedeutsam wird, dies wird durch die leidenschaftliche Orientierung auf ihn hin verständlich. Emile wird nun lernen, sich an der Sicht des anderen zu orientieren. Er wird sich überlegen, welchen Eindruck er bei anderen hinterlässt. Dies bedeutet, dass die Äußerungen, die er tätigt, nun einen Filter passieren werden. Dieser Filter besteht in der vermuteten Meinung der anderen. Damit zeigt sich wiederum jener eben aufgewiesene doppelte Effekt. Die soziale Orientierung geht mit der Notwendigkeit eines reflexiven Selbstverhältnisses einher. Wenn Emile einkalkuliert, wie seine Äußerungen auf andere wirken, muss er über die Art seiner Äußerung nachdenken, d.h., sich selbst in ein Verhältnis zu dieser Äußerung setzen. Die Inhalte, die Bedeutung der verwendeten Worte, werden relativ: Sie werden bezogen auf die vermutete Interpretation der anderen. Damit wird aber zugleich das Selbst, jenes Bild, das der Sprecher von sich hat, relativ.

Es gibt bei Rousseau einen Begriff, der genau diese Relativierung, die gleichzeitig im Verhältnis zu sich selbst und zum anderen Menschen stattfindet, bezeichnet. Dieser Begriff ist die »Eigenliebe«. »Eigenliebe« wäre falsch verstanden, wenn man sie im Verhältnis zur »natürlichen« Selbstliebe als einen gesteigerten Egoismus auffassen würde. Mit ihr ist auch nicht notwendig, aber möglicherweise eine Selbst-Entfremdung verbunden. Sie meint – wie Rousseau sagt – das Auftreten des »relativen Ich«. Damit ist gemeint, dass sich das Individuum von nun an aus der Perspektive der anderen Menschen wahrnehmen wird. Als was es sich selbst sieht, wird nun nicht mehr unabhängig davon sein, wie es meint, von anderen gesehen zu werden. Eben darin liegt die (bereits im Ersten Diskurs kritisierte) Gefahr, dass sich der Mensch seiner selbst entfremdet, sich verliert, weil er nicht mehr weiß, was für ihn selbst wichtig ist: Er wird dann abhängig vom Blick des anderen Menschen und er gibt die Übereinstimmung mit sich selbst auf, um von diesem eine Anerkennung seiner Person zu erhalten. Aber – so wird man nach den vorstehenden Ausführungen auch sagen müssen – ohne diese Eigenliebe hat er noch kein Selbst, das er verlieren könnte. Es ist ja erst das »relative Ich« der Eigenliebe, das es dem Kind ermöglicht, in ein reflexives Verhältnis zu sich selbst einzutreten. Ohne dieses »relative Ich« fiel es unmittelbar mit seiner für »ursprünglich« gehaltenen Sprache zusammen: Es hatte noch kein von dieser Sprache unterschiedenes Selbst, keine Identität mit sich jenseits der ihm vorgegebenen Verwendung der Sprache.[14]

Die Eigenliebe steht für jene sozialen Bedingungen, die den Menschen allererst in ein Verhältnis zu sich selbst setzen und die

14 Dass das Auftreten der Eigenliebe den Menschen als gesellschaftliches Wesen bezeichnet und dass er als gesellschaftliches Wesen mit Bezug auf den Zustand natürlicher Unmittelbarkeit immer schon als entfremdet zu betrachten ist – dies bildet eine der Perspektiven des Zweiten Diskurses. Eine solche Auffassung macht aber keinen Sinn, wenn es darum geht, Natürlichkeit und Sozialität in Beziehung zu setzen. Dies ist ja genau das Anliegen Rousseaus im »Emile«. Nur in der Gesellschaft kann der Mensch zum Menschen werden: Im Naturzustand mag er zwar das Ideal der unmittelbaren Identität mit sich selbst erreichen. Der Preis besteht aber darin, dass er sich nicht vom Tier unterscheidet. Die Eigenliebe bezeichnet den Zustand der Gesellschaftlichkeit: Sie steht für die Übernahme der Perspektive des anderen Menschen. Insofern ist sie nicht negativ zu bewerten. Vor dem Hintergrund der Ausführungen zur Anthropologie Rousseaus steht sie für die Möglichkeit menschlicher Vervollkommnung wie menschlichen Scheiterns.

damit zugleich auch seine Entfremdung ermöglichen. Was Emile von anderen Menschen, die nicht seine Entwicklung durchlaufen haben, unterscheidet, ist der Sachverhalt, dass er vorher gelernt hat, die Worte in ihrer »ursprünglichen Bedeutung« zu verwenden. Rousseau wird nun allerdings die Frage beantworten müssen, inwieweit ihm das unter den Bedingungen der Sozialität hilft, sich nicht in der Entfremdung zu verlieren. Das aber kann nicht heißen, dass ihm das Gelernte einen Schutz vor der bloßen Relativität seines Ich gewähren soll, denn diese mit der Eigenliebe gegebene Relativität des eigenen Selbst ist ja gerade erforderlich: Ohne sie war das Kind ja noch kein soziales Wesen und hatte auch noch kein Verhältnis zu sich selbst entwickeln können. Die Eigenliebe müsste als positiv zu bewertendes Vermögen dargestellt werden.

Der Stellenwert dessen, was Rousseau die »ursprüngliche Bedeutung« nennt, bleibt damit aber unklar. Wenn erst einmal der Bruch zwischen dem sprechenden Individuum und dem Sinn seiner Äußerung vollzogen ist, wenn also das Individuum erst einmal in ein reflexives Verhältnis zu sich selbst und zur Welt getreten ist, dann dürfte der Weg zurück in jene Unmittelbarkeit, in der es noch kein Selbst hatte, nicht mehr möglich sein. Die Gewissheit der »Natürlichkeit« dürfte verloren sein.

Dies zu bedenken ist deshalb wichtig, weil es den Bruch in der »natürlichen Erziehung«, in jener Erziehung, die auf den Ausschluss des Sozialen setzte, markiert. Dieser Bruch besteht nicht nur im Wechsel zur Sozialität. Die nun gegebene Bedeutung der sozialen Beziehungen bedeutet eine Distanz des Individuums zu seinen Ausdrucksmöglichkeiten. Wer es ist, hängt nun davon ab, wie es glaubt, von anderen Menschen wahrgenommen zu werden. Dies bezeichnet das Ende der Natürlichkeit, die davon lebte, dass eine einzige Perspektive: die der alternativlosen Widerständigkeit der Dinge, unhinterfragt übernommen wurde. Der Bruch mit dieser Einheit von »natürlicher« und »eigener« Perspektive stellt die Kontinuität des gesamten Erziehungsprozesses infrage. Es fällt nun schwer, die Phase der Kindheit als notwendige Vorstufe zur Bewältigung der Probleme des Jugendalters zu begreifen. Wenn mit der Eigenliebe der andere Mensch zwischen das Individuum und seine

Äußerungen tritt, dann führt kein Weg mehr zurück in jene Welt, in der es den Anderen noch nicht gab.[15]

Rousseaus Überlegungen zur Erziehung müssen dieser veränderten Situation Rechnung tragen. Erziehung, sein Verhältnis zu Emile, muss nun Berücksichtigung finden. Emile wird sich nun auch im Spiegel der Sicht des Erziehers auf ihn betrachten. Rousseau steht dabei nun vor folgendem Problem: Es ist einerseits nicht möglich, jene »natürliche Unmittelbarkeit« des Kindes zu bewahren. Andererseits aber wird es auch weiterhin darum gehen müssen, eine Distanz zum Sozialen aufrechtzuerhalten. Das ist nicht nur notwendig, damit die Entfremdung verhindert werden kann, sondern auch aus dem Grunde, dass auch unter den neuen Bedingungen von so etwas wie der »Identität mit sich selbst« gesprochen werden kann. Auch wenn darunter nicht mehr das Gleiche verstanden wird wie in der Kindheitsphase, bleibt dieses Modell doch der Orientierungspunkt. Auch diese Aufgabenstellung lässt sich als Paradoxie formulieren. Es wird darum gehen, unter den Bedingungen des Sozialen und der Relativität des Ich die Bedeutung des Sozialen und damit die Relativität aufzuheben, um so eine Identität des Ich mit sich selbst zu ermöglichen: Diese ist nämlich letztlich nur jenseits des Sozialen vorstellbar.

Verhindert werden muss auch unter diesen Bedingungen, dass Emile in die Beliebigkeit der Sichtweisen auf seine Identität und auf die Welt entlassen wird. Der Hinderungsgrund dagegen wird nun allerdings nicht mehr in der Interpretation der sozialen Welt als Natur zu finden sein. Die Widerständigkeit der Dinge bildet keine Hürde mehr, wenn es darauf ankommt, wie Emile meint,

---

15 Diese Betonung des Bruchs zwischen Kindheit und Jugendalter ist in der Sekundärliteratur entweder abgestritten worden (vgl. Röhrs 1957) oder mit einem einfachen Orientierungswechsel verglichen worden: so als ob die Orientierung an der individuellen Existenz nun von der Einführung in die Gesellschaft abgewechselt werde (vgl. Rang 1963). In der hier vorgetragenen Sichtweise wird davon ausgegangen, dass es sich um einen Bruch handelt, der als solcher die Einheit des gesamten Konzepts infrage stellt.

dass die anderen Menschen ihn wahrnehmen, und wenn er weiß, dass diese Wahrnehmung (auch durch ihn selbst) veränderbar ist. Was also wird Emile unter diesen Bedingungen daran hindern, sich selbst in der Abhängigkeit vom Blick der anderen zu verlieren? Rousseaus Antwort auf diese Frage besteht darin, dass er die pädagogische Beziehung nun auf eine neue Grundlage stellt, sie aber in entscheidenden Punkten nicht ändert. Die neue Grundlage besteht in der Einsicht Emiles in die Notwendigkeit dieser Beziehung und in seiner Bitte, sie als pädagogische Beziehung aufrechtzuerhalten. Was sich nicht verändert, das ist die unbedingte Verfügung des Erziehers über die Entwicklung Emiles: seine Ausnahmestellung als alleiniger, permanenter Verantwortlicher für dessen Entwicklungsprozess.

Was sich unter den Bedingungen eines sozialen Verhältnisses zu Emile nun allerdings ändert, ist der Weg, auf dem sich seine Lenkung als vom Zögling unweigerlich akzeptierte Einflussnahme vollzieht. Statt der Widerständigkeit der Dinge, die als solche eben nicht von Menschen abhängig sein soll, kommt es nun darauf an, den Äußerungen des Erziehers, die Emile nun als Äußerungen diesem auch zurechnen kann, eine »unbedingte« Geltung zu verleihen. Das geht auch hier in den Augen Rousseaus nicht durch die Kraft der Argumentation. Diese reicht niemals aus, alle Zweifel auszuräumen. Wie erinnerlich, gibt es keinen absoluten Maßstab der Vernunft, auf die man sich berufen könnte. Was für Rousseau daher wichtiger ist, das ist die Kraft einer Rhetorik, die nicht nur die Vernunft anspricht, sondern auch das »Herz«. Das Herz als Sitz des Gewissens ist zugleich der Ort unmittelbarer Rührung, der man sich nicht entziehen kann: Die Rührung durch Äußerungen überkommt den Menschen, ohne dass er sich ihrer erwehren kann. Ihre unmittelbare Gültigkeit entfaltet sie dort, wo die Überzeugungskraft der Äußerungen, ihre Vernünftigkeit, mit der Regung jenes Gewissens, das als solches »natur«- bzw. »gottgegeben«, d.h. »unmittelbar« ist, zusammenfällt. Auf die Einheit der Überzeugungskraft des Erziehers und die Rührung des Zöglings wird es nun ankommen. Wenn sie gegeben ist, dann besteht ein Gegengewicht gegen die ohnmächtige Abhängigkeit von der Meinung der anderen Menschen. Die

Überzeugungskraft des Erziehers und die Rührung des Emile gelten ähnlich unbedingt wie die »Widerständigkeit der Dinge«: Sie hängen nicht vom Jugendlichen ab, sondern »überwältigen« ihn.

Eine weitere Ähnlichkeit bleibt ebenfalls bestehen. In der Kindheit bildete die Entfremdung des Erziehers, die unaufrichtige Verwendung seiner Äußerungen gegenüber dem Zögling, die Bedingung für dessen »unmittelbare«, in Wahrheit eben gelenkte Identität mit sich selbst. Und auch in der Jugendphase bedient sich der Erzieher zur Leitung des Zöglings rhetorischer Mittel, um diesen zu einer bestimmten Sicht auf sich selbst, den Erzieher und die Welt zu veranlassen. Eine solche Strategie aber unterliegt immer noch jener Kritik, die Rousseau selbst im Ersten Diskurs gegen die Täuschung und den drohenden Selbstverlust ins Feld geführt hatte. Es mag ja sein, dass die Rührung des Emile die Gültigkeit der Rede des Erziehers bedeutet, aber das ändert nichts daran, dass der Erzieher diese Rede gerade im Hinblick auf eben diese Rührung geplant hatte, dass er nach wie vor Situationen arrangiert, in denen er vermutet, dass es einfacher ist, diese Rührung hervorzurufen. Nach wie vor bildet die Selbstentfremdung des Erziehers, der in seinen Äußerungen eben nicht mit sich identisch ist, die Bedingung dafür, dass Emile mit sich identisch sein kann.

Die neue Methode, die durch die soziale Orientierung des Jugendlichen notwendig wird, besteht in der Belehrung (vgl. E: 647). Die Belehrung bildet dabei eine soziale Verwendungsform des Wissens. Mit ihr wird der Verweis auf eine »natürliche Notwendigkeit« zur Aussage eines anderen Menschen, der diese Notwendigkeit als natürliche behauptet. Als solche aber ist sie grundsätzlich kritisierbar. Man kann sich fragen, warum der andere will, dass man etwas für notwendig hält. War bisher der Erzieher hinter seinen Arrangements verschwunden, so taucht er nun als jemand auf, der Dinge aus bestimmten Motiven tut. Er muss sich als derjenige zu erkennen geben, der bisher den Entwicklungs- und Bildungsprozess des Kindes gelenkt hat, und er muss zugleich dafür sorgen, dass ihm keine nur-taktischen Absichten unterstellt werden können, dass also die Lenkung dieses Bildungsprozesses nicht eine ist, die in seinem Interesse, aber vielleicht nicht im Interesse des Kindes liegt. Der Erzieher braucht eine neue Grundlage für sein Handeln.

Er tritt in dieser Situation die Flucht nach vorne an und gibt Rechenschaft über die bisherige Erziehung. Er wirbt bei Emile um die Akzeptanz seiner bisherigen Handlungen und zielt darauf, seine Position auch unter den neuen Bedingungen zu festigen. Dazu wählt er für diese schwierige Situation mit Sorgfalt eine Umgebung aus, die geeignet erscheint, den Zögling zu rühren. Er stellt rhetorische Überlegungen an, wie er seine Rede für Emile verbindlich machen kann. Er wählt eine emotionale Vorgehensweise, die jene schon durch das Arrangement der Umstände gegebene Tendenz zur Rührung verstärkt:

>»Jetzt, wo ich ihm alles vor Augen führe, was ich für ihn getan habe, so als hätte ich es für mich selbst getan, wird er in meiner zärtlichen Zuneigung den Grund für all meine Fürsorge erkennen. Wie werde ich ihn überraschen, wenn ich plötzlich den Ton ändere! Anstatt ihm die Seele einzuengen, indem ich ihm immer von seinem eigenen Interesse spreche, werde ich ihm fortan nur von dem meinen sprechen und ihn dadurch noch mehr rühren, sein junges Herz mit allen Gefühlen der Freundschaft, der Großherzigkeit und Dankbarkeit entzünden, die ich in ihm bereits entstehen ließ und die so leicht zu nähren sind. Ich werde ihn an mich pressen und mit Tränen der Rührung übergießen; ich werde ihm sagen: Du bist mein Glück, mein Kind, mein Werk; von deinem Glück erwarte ich mein eigenes: täuschst du meine Hoffnungen, so stiehlst du mir zwanzig Jahre meines Lebens und bist das Unglück meiner alten Tage. Auf diese Weise verschafft man sich bei einem jungen Menschen Gehör und prägt alles, was man ihm sagt, auf immer in den Grund seines Herzens.« (E: 658)*

Inszenierte und kalkulierte Emotionalität, mit Drohungen gepaarte Forderungen – das ist das Rezept, dessen magischer Wirkung Emile nichts entgegenzusetzen hat. Ihm bleibt nur eine Möglichkeit: Gerührt bittet er den Erzieher, ihn in der Stunde pubertärer Bedrängnis nicht allein zu lassen und sein Werk an ihm zu vollenden.

»Schütze mich vor allen Feinden, die mich belagern, und ganz besonders vor denen, die ich in mir selbst trage; wache über dein Werk, dass es deiner würdig bleibt. Ich will deinen Gesetzen gehorchen, ich will es immer, das ist mein beständiger Wille; bin ich dir jemals ungehorsam, so geschieht es gegen meinen Willen: mache mich frei, indem du mich vor meinen Leidenschaften schützt, die mir Gewalt antun; hindere mich daran, ihr Sklave zu sein, und zwinge mich, Herr über mich selbst zu sein und nicht meinen Sinnen, sondern meiner Vernunft zu gehorchen.« (E: 662)

Der Pakt mit dem Erzieher, der diesem Ansinnen Emiles gerne entspricht, bedeutet die Aufrechterhaltung jener Position bedingungsloser Abhängigkeit, die schon die bisherige Lage des Zöglings kennzeichnete. Sollte er dem Willen des Erziehers widersprechen, sollte er diesen unter Rechtfertigungszwang setzen, so ist vorab klar, dass er nicht weiß, was er tut. Emile verzichtet letztlich auf den Status eines diskursiven, d.h. sozialen Gegenübers: Er tut dies auf der Grundlage jener Einheit von Einsicht und Rührung, die der Erzieher nun auch für den weiteren Prozess aufrechterhalten muss. Diese Einheit bildet die Grundlage seiner Legitimation. Solange er es vermag, Emile gleichzeitig zu überzeugen und zu rühren, wird dieser das, was der Erzieher sagt, nicht problematisieren, sondern übernehmen. Solange diese Einheit gegeben ist, gibt es keine Diskussionen und bleibt der Erzieher jene Instanz, die über die einzig adäquate Verwendungsweise von Worten und Aussagen befindet. Solange dies der Fall ist, besteht für Emile keine Notwendigkeit, sich mit der Bedeutung der Aussagen des Erziehers auseinander zu setzen. Und damit besteht auch keine Notwendigkeit, sich selbst in ein Verhältnis zu diesen Aussagen zu setzen derart, dass er sich fragt, ob die Bedeutung, die diese Aussagen für den Erzieher haben, die gleiche ist, die sie auch für ihn haben. So kann ihm seine eigene Identität mit sich selbst weiterhin unproblematisch bleiben.

Ganz entscheidend ist dabei für Rousseau, dass der Erzieher niemals lügt: Eine einzige Lüge könnte alles zerstören (vgl. E: 449). Jedoch war in der Konzeption der Selbstentfremdung nicht nur die Lüge das Problem. Selbstentfremdung, wie sie Rousseau im Ersten

Diskurs kritisiert, liegt bereits darin, sich in seinen Aussagen an der gewünschten Wirkung beim anderen zu orientieren. Wenn man nicht mehr sagt, was man wirklich meint, sondern von dem man meint, dass der andere es hören will, oder wenn dieser durch Schmeichelei überzeugt werden soll, dann liegt bereits eine Kommunikation vor, die durch Entfremdung gekennzeichnet ist: In ihr sind die Menschen nicht mehr mit sich identisch. Genau eine solche Kommunikationsweise aber ist es, die den Umgang des Erziehers mit seinem Zögling kennzeichnet. Die Täuschung bleibt zentrales Moment des Erziehungsprozesses.

Wie bereits erwähnt, fasst Rousseau die Rührung zugleich als jenen Faktor auf, der den rhetorischen Bemühungen des Erziehers die gewollte Verbindlichkeit sichert, und als Stimme des Herzens in dem Sinne, dass diese auch die »wirkliche« Geltung des Gesagten bestätigt. Die Stimme des Herzens, das Gewissen, kann sich nicht täuschen. Erst in der Rührung werden vernünftige Begründungen als solche bestätigt und zugleich verbindlich. Rousseau wendet sich daher – wie schon in seinen ersten Schriften – gegen eine Überschätzung der Vernunft: Erst in der Rührung erkennt der Jugendliche, dass die Gedanken des Erziehers aufrichtig sind, dass dieser mit sich identisch ist.

>*»Kommt der Jugend niemals mit trockenen Vernunftschlüssen. Kleidet die Vernunft in einen Leib, wenn sie ihr fühlbar machen wollt. Lasst die Sprache des Verstands durch das Herz gehen, damit sie sich verständlich machen kann. Kalte Argumente, ich wiederhole es, können unsre Ansichten bestimmen, nicht unsre Handlungen; sie lassen uns glauben, aber nicht handeln: man beweist, was man denken muss, und nicht das, was man tun muss.«* (E: 657)

Die rhetorische Strategie Rousseaus erscheint notwendig, weil der Jugendliche zwischen dem kognitiven Inhalt der Aussagen und der Aufrichtigkeit oder Betroffenheit desjenigen, der sie ausspricht, unterscheiden kann. Der andere Mensch kann etwas sagen, ohne dass er den Inhalt der Aussage für sich selbst als verbindlich annimmt.

Das heißt: Emile ist nun in der Lage, die Möglichkeit einer Täuschung, einer Unaufrichtigkeit anzunehmen. Er macht nun einen Unterschied zwischen der Person und ihrer Aussage.

Diese Unterscheidung ermöglicht ihm einen relativ freien Umgang mit den Aussagen des anderen. Es liegt nun bei ihm, ob er eine Aussage ernst nimmt, ob er sie als Ausdruck eines Täuschungsversuchs wertet oder ob er sie zwar als aufrichtigen Ausdruck des anderen akzeptiert, aber inhaltlich infrage stellt. Darin liegt nun aber eine Gefahr für die auf Wirkungssicherheit zielende Erziehung. Genau dieses Gefahrenpotenzial soll durch die Rührung neutralisiert werden. Die Rührung schließt die entstandene Lücke zur Notwendigkeit wieder: Sie soll dazu führen, dass Emile immer an die Aufrichtigkeit des Erziehers glaubt und ihn gleichzeitig davon abhalten, die Gültigkeit seiner Aussagen nur rational zu überprüfen. Sie soll die Lücke zwischen sprechendem Subjekt und Aussage wieder schließen, obwohl sie ohne diesen Unterschied gar nicht notwendig wäre. Nur wenn der Heranwachsende zwischen Person und Aussage unterscheiden kann, ist das Herbeiführen einer Rührung für Rousseau erforderlich und nur unter der Voraussetzung dieser Unterscheidung kann die Rührung ihre Funktion erfüllen. Die Rührung soll also ständig die Lücke zwischen Person und Aussage schließen, der sie ihre eigene Möglichkeit verdankt. Auch diese pädagogische Strategie bleibt paradox.

Es ist die (ihn überkommende) Rührung, die es Emile gestattet, mit sich im Einklang zu bleiben. Die mit der Rührung gegebene Ausschaltung des Zweifels an den Aussagen des Erziehers verleiht diesen wieder ihre determinierende Überzeugungskraft: Es ergibt sich eine Verbindlichkeit, in der Emile sein Gleichgewicht von Wünschen und Fähigkeiten zu bewahren vermag. Die Identität mit sich selbst bleibt damit eine vom Erzieher abhängige. Der Unterschied zur Kindheit besteht darin, dass diese verliehene Identität mit sich selbst nun als solche eine gewollt, eine bewusst übernommene ist. Emile ist es unter diesen Bedingungen möglich, sich mit anderen zu vergleichen: Er hat Alternativen. Aber Rousseau vermutet, dass ein solcher Vergleich nur die Dankbarkeit ihm als Erzieher gegenüber fördern wird. Ein Problem könnte sich nicht daraus ergeben, dass Emile sich an anderen orientiert: Gegen diese Möglichkeit steht ja die durch die Rhetorik bewirkte Rührung. Allerdings könnte ein Problem darin bestehen, dass Emile überheblich wird. Er könnte die Abhängigkeit der anderen Menschen von sozialen Beeinflussungen, Meinungen oder Moden so verstehen, dass er sich ihnen gegenüber als überlegen wahrnimmt. Eine solche Überheblichkeit muss verhindert werden. Emile muss lernen, dass er nicht unfehlbar ist. Er muss Fehler machen: Wie schon als Kind muss er in arrangierte Situationen gebracht werden, in denen er scheitern muss. Auch diesmal hängt alles davon ab, dass er das Arrangement nicht als solches durchschaut (vgl. E: 507). In diesem Bereich ist also eine Kontinuität zur Erziehung der Kindheit gegeben: Wieder arrangiert der Erzieher ohne das Wissen des Zöglings die Umstände so, dass dieser an der »Widerständigkeit der Dinge« zu scheitern glaubt. Allerdings geht in den Umgang mit Fehlern nun ein neues Element ein: die kognitive Verallgemeinerung. Wichtig ist nun, dass Emile aus dem erfahrenen Scheitern allgemeine Schlüsse: Regeln für die Zukunft, zieht. Als Mittel zur Unterstützung dieser Verallgemeinerung wählt Rousseau die Fabeln.

Dies ist vor dem Hintergrund der Betonung klarer und einfacher, immer erfahrungsgesättigter Begriffe nicht ganz unproblematisch, denn nun sollen fiktive Geschichten dazu dienen, das (moralische) Urteilsvermögen zu bilden. Ihre Legitimität gewinnt eine solche Vorgehensweise für Rousseau aber dadurch, dass in diesem Alter die Einbildungskraft tätig wird. Die Einbildungskraft ist das Vermögen, mit vorgestellten, d.h. fiktiven Inhalten, auf eine freie, nicht situationsgebundene Weise umzugehen. Auf die Tätigkeit der Einbildungskraft einzuwirken, wird damit zu einem entscheidenden Steuerungsmittel der Erziehung. Das aber muss die bisherige Auffassung von Sprache verändern. Diese ging bisher davon aus, dass Worte und Dinge als »ursprüngliche Einheit« zu betrachten seien. Das Dazwischentreten des anderen Menschen bildet einen Faktor, der diese Einheit aufsprengt und die Bedeutungsgebung den Einflüssen anderer Menschen überlässt. Die Einbildungskraft verstärkt dieses Dazwischentreten des Sozialen noch. Sie stellt nicht nur aktuelle soziale Situationen in Rechnung, sondern sie ist in der Lage, die Bedeutung von Worten und Aussagen sich in allen möglichen sozialen Konstellationen vorzustellen. Sie spielt alle Möglichkeiten durch, in denen bestimmte Konzepte eine Bedeutung haben können. Damit die pädagogische Vorstellung einer Steuerung der Einbildungskraft überhaupt sinnvoll ist, muss die vorherige Auffassung Rousseaus aufgegeben werden, die von der Einheit von Sprache und bezeichnetem Gegenstand ausging. Das Zeichen kann hier nicht mehr unmittelbar für das Ding stehen, weil dann kein Spielraum für die Einbildungskraft vorhanden wäre. Für die Arbeit der Einbildungskraft ist es notwendig, dass die Zeichen nicht mehr an die Sache gebunden sind. Sprachliche Zeichen und das von ihnen Bezeichnete müssen gegeneinander beweglich sein, damit die Fantasie »spielen« kann. Die Einbildungskraft muss mit anderen Vorstellungen zur Bezeichnung einer Sache umgehen können, wodurch sich aber gerade auch die »Objektivität« der Sache auflöst. Diese kann nun in ganz unterschiedlichem Licht erscheinen, ohne dass die Einbildungskraft bereit wäre, sich auf eine Bedeutung festzulegen.

Dass die sprachlichen Zeichen für etwas von ihnen Verschiedenes stehen, ihr symbolischer Charakter, bildet in dieser neuen Auffassung nun den Ausgangspunkt für die pädagogische Bemühung, die Einbildungskraft zu lenken. Diese Steuerungsabsicht wird im Sinne der rhetorischen Konzeption vor allem auf die Rührung zielen. In diesem Verständnis könnte man sagen, dass die Rührung die Tätigkeit der Einbildungskraft begrenzen soll. Theoretische Überzeugungen, die als solche noch keine Verbindlichkeit haben, würden nur eine freie Tätigkeit der Einbildungskraft hervorrufen; die mit der Rührung gegebene Verbindlichkeit des Gesagten beschränkt als solche die Möglichkeiten der Einbildungskraft und richtet sie auf das »Wesentliche«.

»Es ist einer der größten Fehler unsres Zeitalters, zu viel mit der nackten Vernunft zu arbeiten, so als wären die Menschen schierer Geist. Man vernachlässigt die Sprache der Zeichen, die zur Einbil-

*dungskraft spricht, und hat so die eindringlichste aller Sprachen
verloren.« (E: 653)*

Die Arbeitsteilung zwischen der Sprache der Vernunft und jener
der sich an die Einbildungskraft richtenden Zeichen erlaubt es
Rousseau, die Relativierung der sprachlichen Bedeutung durch die
Tätigkeit der Einbildungskraft scheinbar auf halber Strecke zu
stoppen. Es wäre unter den Bedingungen der Jugendzeit und der in
ihr einsetzenden Bedeutung der Eigenliebe falsch anzunehmen,
dass die Sprache der Vernunft immer noch jene Einfachheit und
Klarheit hat, die auf die Übereinstimmung mit den Dingen verweist. Dies würde bedeuten, dass der Vernunftgebrauch immer
noch als »vorsozial« angesehen würde: so, als ob man in der Jugend, in der Zeit, da die Eigenliebe zu einem bedeutenden Faktor
wird, sich nicht schon in der Verwendung der Begriffe am sozialen
Gegenüber orientieren würde. Man wird also davon ausgehen müssen, dass auch die Verwendung der Vernunft sich nun am sozialen
Gegenüber ausrichtet. Was der Verweis auf die Zeichen zusätzlich
bringt, das ist die »Ansprache des Herzens«. Als kalkulierte und
möglichst optimal organisierte aber macht sie den anderen Menschen zum Objekt der eigenen Überzeugungsarbeit. Sie tut dies
umso effektiver, je mehr sie seine Fantasie in Beschlag nimmt. Das
aber heißt nichts anderes, als dass dem Gegenüber die Möglichkeit
genommen werden soll, sich Alternativen zur Bedeutung des Gesagten ausdenken zu können.

Als ein Mittel zur Steuerung der Einbildungskraft durch die
Kraft von Symbolen kann man auch das Ausmalen von Idealbildern verstehen, mit deren Hilfe der Jugendliche durch die empirischen Wirren der sozialen Welt geführt werden kann. Da dessen
gesamtes soziales Streben sich auf das andere Geschlecht richtet,
kommt es darauf an, dass Emile nicht hinter jeder Frau herläuft,
sondern wählerisch ist und damit Zeit für notwendige Lernprozes-
se gewinnt. Also wird der Erzieher ihm das Idealbild einer Frau
ausmalen und ihn mit Mitteln der Rührung derart auf dieses Ideal
verpflichten, dass Emile immun wird gegen die empirischen An-
fechtungen des anderen Geschlechts. Das Imaginäre der vorgestell-

ten idealen Frau neutralisiert hier die Gefahr der Verführung durch die Sinnlichkeit der Frauen, denen Emile im Alltag begegnet. Und selbst als er endlich – vom Erzieher selbstverständlich weise arrangiert – sein Idealbild in der Gestalt Sophies findet, hat das Idealbild noch eine Funktion. Zur Überprüfung der wahren Bindung an das Ideal und um mögliche Täuschungen durch die Sinnlichkeit auszuschließen, willigt Emile ein, sich von seiner Verlobten zu trennen und mit seinem Erzieher auf eine mehrjährige Reise zu gehen. Auf dieser macht ihn dann der Erzieher mit den politischen Regeln des sozialen Lebens vertraut, indem er ihm die Wirklichkeit verschiedener Gesellschaftsordnungen vor Augen führt und diese am Idealbild des »Gesellschaftsvertrags« misst.

Wenn Emile schließlich seine Sophie heiratet und Vaterfreuden entgegensieht, vollendet sich die Erziehung. Dies ist allerdings nicht in dem Sinne zu verstehen, dass der Erzieher nun überflüssig würde. Emile bittet ihn vielmehr, ihn gerade nun angesichts der auf ihn zukommenden Verantwortung nicht im Stich zu lassen und lebenslang als ein Ratgeber zu fungieren. Die Determination seiner Wünsche im Lichte der vom Erzieher konstituierten und kontrollierten Fähigkeiten erweist sich damit immer noch als etwas, das Emile nicht überschreiten kann: Zu der vom Erzieher hergestellten und garantierten Identität mit sich selbst gibt es keine Alternative. Die Identität des Emile bleibt eine verliehene. Darauf beruht das Glück des Erziehers, dessen Ende Rousseau zu Beginn des Jugendalters befürchtete, und die unaufhebbare Abhängigkeit des Emile.

In dieser wechselseitigen Erfüllung hat Rousseau einen pädagogischen Traum in radikalisierter Form vorweggenommen. Wenn man die beiden zentralen pädagogischen Probleme der Neuzeit in den Fragen sieht, wie man sich unter ungewissen Bedingungen der Wirkungen seiner Absichten sicher sein kann, und wie man angesichts der anzuerkennenden Eigenständigkeit des anderen in dessen Selbst- und Weltverhältnis legitim hineinregieren kann, dann gibt es hier eine Lösung. In der absoluten Abhängigkeit vom Erzieher sind die Wirkungen ebenso sicher wie vom Erzieher vorhersehbar:

Dieser weiß schon vor Emile, was dieser gleich denken wird. Auch die Legitimation bildet dort kein Problem, wo der Erzieher als dirigierender Faktor gar nicht in Erscheinung tritt (wie in der Kindheit) oder dies nur aufgrund eines Unterwerfungsvertrags tut, d.h. mit der unbedingten Zustimmung des Jugendlichen.

Der Preis für die Vermeidung sozial bedingter Selbstentfremdung und damit: für die Konstitution einer Identität mit sich selbst unter sozialen Bedingungen scheint dann allerdings darin zu bestehen, dass es dem Heranwachsenden unmöglich gemacht werden muss, über das Verhältnis zu sich selbst zu verfügen. Wenn man einmal unterstellt, dass die vorgeschlagene Erziehungskonzeption so funktionieren könnte, so besteht doch ihr Preis darin, dass das kritische Potenzial der formalen Identitätskonzeption – der autonome Standpunkt jenseits der Gesellschaft – damit aufgegeben wird. Die gesellschaftliche Abhängigkeit des Verhältnisses zu sich selbst, wie sie in der Kritik an der Selbstentfremdung aufgezeigt wurde, wird hier nur eingetauscht gegen die absolute Abhängigkeit dieses Selbstverhältnisses von *einem* anderen. Während der Mensch im ersten Falle von den Perspektiven der anderen auf sich abhängig gedacht wird insofern, als er sich selbst in diesen Blicken verliert, gerät er im zweiten Fall unter den ausschließlichen Blick eines anderen Menschen, zu dem es für ihn nicht nur sozial keine Alternativen gibt, sondern zu dem er auch nicht in der Lage ist, sich selbst in eine kritische Distanz zu setzen. Seine Identität mit sich selbst fällt mit der Abhängigkeit von diesem Blick des anderen zusammen. Dass dieser als perfekt gedacht wird, ändert nichts daran, dass Emile nicht selbst darüber entscheidet, auf welche Weise er mit sich identisch sein will.

4. Die Frau: Aufspaltung der Anthropologie

Es fällt aus heutiger Sicht nicht schwer, Rousseau Frauenfeindlichkeit vorzuwerfen. Sein Frauenbild ist eingebettet in eine patriarchalische Vorstellung, in der die Charaktere von Mann und Frau komplementär und asymmetrisch definiert sind. Der Mann stellt sich in dieser Sicht als dominant, nach außen gerichtet, aktiv, als Verantwortung für die Familie tragend dar. Die Frau bildet den Gegenpol. Sie ist zurückhaltend, auf die häusliche Sphäre bezogen, in der sie Verantwortung trägt. Sie ist passiv und auf das Wohl des Mannes ausgerichtet, der in der feindlichen Welt bestehen muss. Dieses Ideal realisiert sich für Rousseau in einem Landleben, in dem beide verantwortlich für ein großes Gut sind.

Mit solchen Vorstellungen wird Rousseau zu einem Sprachrohr jenes mit der romantischen Liebesvorstellung entstehenden Bildes der Geschlechter. Die Unmittelbarkeit und Dauerhaftigkeit der Liebe zwischen Mann und Frau ist auch dort durch Charakterzuschreibungen garantiert. Insofern ist seine Konzeption inhaltlich nicht besonders originell – auch wenn sie historisch vor der Ausprägung des romantischen Bildes der Geschlechter liegt.

Und auch die konstitutionelle Begründung wirkt nicht sonderlich überzeugend. Dass die Konstitution der Frauen anders sei als die der Männer, bedeutet für ihn, dass auch die Geistesanlagen unterschiedlich sein müssen (vgl. E: 720). Diese Unterschiedlichkeit der Geistesanlagen äußert sich in einer Unterlegenheit der Frau. Und auch hier findet sich eine Sammlung von Stereotypen: Die Vernunft der Frau ist eine praktische. Die Exaktheit der Wissenschaft überfordert sie und geistig anspruchsvollere Werke übersteigen ihr Fassungsvermögen (vgl. E: 772). Selbst von der Religion hat sie nur eine unklare Vorstellung und entsprechend ist auch die

Ausbildung ihres Gewissens unzureichend (vgl. E: 768f.). Diese mangelnden Geistesgaben müssen in der Erziehung des Mädchens durch Zwang kompensiert werden (vgl. E: 742). Die Leitung des Mädchens muss später von ihrem Ehemann übernommen werden. Ihre untergeordnete Stellung ist so gleichsam von ihrer »Natur« gewollt.

> »Wenn sich die Frau deswegen über die ungerechte Ungleichheit beklagt, die der Mann bekundet, so hat sie Unrecht; diese Ungleichheit ist keine menschliche Einrichtung oder zumindest nicht das Werk des Vorurteils, sondern das der Vernunft.« (E: 726)
>
> »Die Frau ist dazu geschaffen, dem Manne nachzugeben und selbst seine Ungerechtigkeit zu ertragen.« (E: 795)

Damit sind die Machtverhältnisse hinreichend geklärt. Aber patriarchalisches Leben bedeutet nicht nur die totale Unterwerfung der Frau, sondern für Rousseau auch zumindest die Möglichkeit einer geschlechtsspezifischen Gegenwehr. Dass die Frauen anders sind, lässt sich bei ihm nicht nur an den Attributen ihrer Minderwertigkeit erkennen, die oben angegeben wurden, sondern auch durch die Akzeptanz ihrer Andersheit. Diese bestimmt Rousseau nun allerdings auf eine Weise, die nicht nur aus der Sicht der Gleichberechtigung von Frauen problematisch ist, sondern auf eine Weise, die seine bisherige Anthropologie infrage stellt.

Frauen sind nach seiner Lesart – ohne dass er dies explizit sagen würde – von Beginn an und unveränderbar durch die Eigenliebe bestimmt. Der Unterschied von Selbst- und Eigenliebe existiert bei Frauen nicht. Mädchen und Frauen hängen immer schon von der Meinung der Gesellschaft ab; sie sind prunksüchtig und wollen gefallen. Sie verstellen sich ständig. Zwischen dem, was sie sagen, und dem, was sie meinen, klafft eine Lücke. Was für die Männer nur im Zustand gesellschaftlicher Selbstentfremdung gegeben ist, bezeichnet den Naturzustand der Frauen. Für sie ist der Schein, den sie erzeugen, unter allen (natürlichen und gesellschaftlichen) Bedingungen die gewünschte Wirklichkeit:

»um aber ihre wahren Gefühle beurteilen zu können, muss man sie beobachten und nicht dem vertrauen, was sie sagen; denn sie sind schmeichlerisch, heuchlerisch und können sich frühzeitig verstellen« (E: 743).

Mädchen orientieren sich bereits im frühen Kindesalter nicht an der Wahrheit, sondern am Eindruck, den sie bei anderen hervorrufen (vgl. E: 755). Da dies aber ihre Natur ist, müssen sie so sein und es ist in ihrem Falle legitim, Listen zu gebrauchen (vgl. E: 745). Jeder pädagogische Versuch, dies ändern zu wollen, ist in den Augen Rousseaus sinnlos.

Die Abhängigkeit von der Meinung der anderen Menschen bedeutet auch, dass Frauen das Hören auf die Stimme des Gewissens verwehrt ist. Dieses Hören ist demjenigen möglich, der mit sich in Übereinstimmung ist. Genau das ist der Frau nicht möglich, weil sie von Natur aus von anderen, denen sie gefallen will, abhängig ist. Ihr Gewissen kann sich niemals in reiner Form bemerkbar machen, weil sie wie von diesem so auch zugleich von der öffentlichen Meinung abhängt. Diese Abhängigkeit kann sie nicht aufheben.

Die so behauptete und von Rousseau akzeptierte und legitimierte Eigenart der Frau stimmt mit jenem Zustand der Entfremdung überein, den Rousseau im Ersten Diskurs kritisiert hatte. Die Frau ist immer außer sich. Das aber bedeutet nichts anderes, als dass das Konzept der formalen Identität für Frauen einfach nicht gilt: Sie können niemals einen Zustand erreichen, in dem sie sich in Übereinstimmung mit sich selbst befinden. Die Rede von Identität und Entfremdung macht im Hinblick auf Frauen keinen Sinn.

Wenn man berücksichtigt, dass die formale Identität jene Instanz darstellte, die es erlaubte, die Gesellschaft zu distanzieren, so bedeutet dies zugleich, dass die Frau nicht in der Lage ist, einen Ort jenseits der Gesellschaft einzunehmen. Nicht nur leidet sie nicht unter den entfremdenden Bedingungen der Gesellschaft, sondern es gibt für sie auch keinen »ursprünglichen« Bezugspunkt, von dem her sie die Gesellschaft kritisieren könnte: Der Naturzustand, jener Ort der Identität mit sich selbst jenseits der Gesellschaft, kann für Frauen nicht sinnvoll in Anspruch genommen

werden. Frauen waren nie und werden eines nie sein: mit sich identisch.

Das aber stellt den allgemeinen Anspruch der Anthropologie
Rousseaus infrage. Sie gilt offensichtlich nur für Männer. Da der
Ort jenseits der Gesellschaft jene Instanz ist, die es Rousseau erlaubt, vom Menschen jenseits des Bürgers zu sprechen, heißt dies,
dass nur Männer Menschen in diesem Sinne sind. Den Menschen
zum Menschen erziehen zu wollen, wie Rousseau dies für seinen
männlichen Zögling fordert, ist im Falle eines Mädchens nach diesen Implikationen der Theorie Rousseaus unsinnig. Das Mädchen
kann nicht zum Menschen, sondern nur zur Frau erzogen werden.
Rousseaus Anthropologie ist eine des Mannes. Die andere Hälfte
der Menschheit bleibt von dieser Anthropologie und damit von
der Moderne, die sich über jene Distanz des Menschen zur Gesellschaft definiert, für die bei Rousseau das Konzept der formalen
Identität steht, ausgeschlossen. Problematisch ist eine solche Perspektive für den Ansatz Rousseaus vor allem deshalb, weil sie die
Grundlagen seiner gesamten Theorie infrage stellt: seine Erfindung
des Menschen als jener abstrakten Instanz, von der aus eine Kritik
an gesellschaftlichen Verhältnissen möglich sein sollte. Dieser
»Mensch« ist nur in der Abstraktion zu haben und es ist die Abstraktion, die Rousseau aufgibt, wenn er den »Menschen« mit dem
»Mann« identifiziert.

5. Wirkungsgeschichte und Diskussionsstränge

Die Wirkungsgeschichte Rousseaus ist kaum zu unterschätzen. Dies betrifft vor allem die deutsche Diskussion, die schon mit der Übersetzung des »Emile« im Rahmen des von Joachim Heinrich Campe herausgegebenen »Revisionswerkes« (1785–1792) beginnt. Schon damals, im Kontext eines sich als aufgeklärt verstehenden Absolutismus, hatte man den Stachel in Rousseaus Werk entdeckt. Man sah die scharfe Trennung Rousseaus zwischen Mensch und Bürger als Problem an: Mit einem jenseits der Gesellschaft mit sich selbst identischen Menschen konnte man nicht viel anfangen. Sie erschien zu radikal. Dies war nur konsequent, wenn man den »aufgeklärten Untertan« zur Zielvorstellung erhob: In ihm sollten sich die gesellschaftliche Brauchbarkeit unter feudalen Verhältnissen mit dem persönlichen Glück des aufgeklärten Individuums verbinden. Die Aufklärung des Individuums und seine gesellschaftliche Abhängigkeit sollten also keinen Gegensatz darstellen. Eine radikale Position gesellschaftlicher Kritik, wie sie in Rousseaus Konzept des »Menschen« vorlag, war damit nicht in Einklang zu bringen.[1] Die vorschnelle Option auf die Versöhnung beider Momente, des

---

1   Damit ist nur die Hauptströmung der Philanthropen gemeint. Allerdings sind radikale Gesellschaftskritiker in ihrem Umkreis Ausnahmeerscheinungen. Eine solche Ausnahmeerscheinung stellt etwa Karl Friedrich Barth (1741–1792) dar. Gegen die philanthropische Versöhnungstheorie von aufgeklärtem Individuum und Gesellschaft wird der Neuhumanismus mit der Entfremdungstheorie Schillers und der Bildungstheorie Wilhelm von Humboldts ebenso einen Akzent setzen wie Kant, der nach eigenen Worten »von Rousseau zurechtgebracht« wurde, mit seiner Theorie des intelligiblen Subjekts, jenem Ort »reiner«, d.h. gesellschaftlich nicht vermittelter Vernunft.

integrierten Mitglieds eines Gemeinwesens und eines davon unabhängig zu betrachtenden Menschen, verschenkt jedoch zu schnell das kritische (aufklärerische) Potenzial der Theorie Rousseaus. Dieses bestand gerade in seiner Theorie des Menschen als einer Instanz jenseits der Gesellschaft. Erst wenn man den Menschen jenseits der Gesellschaft lokalisiert, wird er zu einer Instanz, von der aus man die Gesellschaft kritisieren kann. Die Trennung von Mensch und Bürger ist diejenige eines kritischen Subjekts, das seine Maßstäbe in sich selbst, in der Übereinstimmung mit sich selbst, findet, von einem gesellschaftlichen Wesen, das soziale Erwartungen zum Horizont seines Denkens, Urteilens und Handelns hat. Erst mit dieser Trennung von Mensch und Bürger wird das Problem aufgeworfen, wie ein solches kritisches Subjekt in einer Gesellschaft möglich sein kann, die durch Ungleichheit gekennzeichnet ist.

Dieses Ausgangsproblem der Erziehung eines »Menschen« *in* der Gesellschaft erscheint vor dem Hintergrund der Trennung von »Mensch« und »sozialem Wesen« paradox und auch die darauf erfolgenden Lösungsvorschläge werden vermutlich paradox sein. Auch Rousseaus Lösungsvorschlag einer Trennung beider Bereiche ist – wie gezeigt – nicht unproblematisch. Auch er entwickelt sich entlang paradoxer Methoden. Dennoch wird er gegen die Philanthropen und deren Ausklammerung des »Menschen« dann von der neuhumanistischen Bildungstheorie aufgenommen. Diese forderte mit Humboldt einen von gesellschaftlichen Forderungen und Einflüssen freien Raum, in dem das Kind seine Individualität in freier Auseinandersetzung mit der Mannigfaltigkeit der Welt entwickeln sollte. Dies sollte geschehen, bevor es mit der gesellschaftlichen Wirklichkeit der bürgerlichen Gesellschaft konfrontiert werden würde. Eine Identität mit sich selbst sollte entstehen als Voraussetzung, um unter den entfremdenden Bedingungen dieser Gesellschaft nicht zugrunde zu gehen.

Mit der neuhumanistischen Bildungstheorie ist zugleich ein anderes Motiv der Theorie Rousseaus verbunden: ihr Verdacht gegen jede Form direkter pädagogischer Lenkung, gegen die »positive Erziehung«. Diese muss vor dem Hintergrund der Unterscheidung von Mensch und Bürger als problematische soziale Formung begriffen werden, die als solche die Macht- und Rechtfertigungsproblematik im Verhältnis von Erzieher und Zögling erzeugt. Die Unterscheidung von Mensch und Bürger steht so am Beginn des neuzeitlichen Legitimationsproblems der erzieherischen »Eingriffe«. Dessen Spezifikum besteht darin, dass man den Menschen allgemein als ein sich selbst bestimmendes Wesen ansieht, womit jeder Eingriff in diese Selbstbestimmung grundsätzlich problematisch wird, solange man nicht die freiwillige Zustimmung des anderen hat. Diese kann aber im Falle der Erziehung allenfalls unterstellt werden: Das Kind würde, wenn es dazu in der Lage wäre, schon einsehen, dass die entsprechenden Eingriffe zu seinem Besten sind. Eine solche Konstellation bildet auch heute noch den Hintergrund, vor dem jeder pädagogische Eingriff prinzipiell als Macht oder Gewalt definiert werden kann. Rousseaus Lösung des Problems, das Setzen auf eine indirekte Einwirkung, durch die das Kind gleichsam aufgrund einer eigenen Aktivität das Wesentliche begreift, bildet ein bis heute in pädagogischen Überlegungen häufig kopiertes Motiv.

Eine bedeutsame Strömung, in der dieses Motiv aufgenommen wurde, war die reformpädagogische Bewegung »vom Kinde aus«. Ohne eine direkte Rezeption Rousseaus darzustellen, verbanden sich in ihren verschiedenen Ansätzen auf unterschiedliche Weise Motive Rousseaus. Besonders bedeutsam erscheint neben dem erwähnten Motiv der indirekten Lenkung dasjenige der Rationalitätskritik. Gegen die »Paukschule« der Herbartianer gewandt, wurden hier das Gefühl und die sinnliche Erfahrung betont. Allerdings lässt sich nicht sagen, dass das Problem des Verhältnisses von Rationalität und Gefühl, wie es sich für Rousseau im Verhältnis von Vernunft und Gewissen, in der rhetorischen Verknüpfung von Überzeugen und Rühren darstellte, hier rezipiert worden wäre. Statt sich dem Problem einer sich über sich und ihre Grenzen aufklärenden Aufklärung zu stellen, wurde hier eine irrationale Sichtweise dominant. Die Rationalität wurde hier als solche vom Gefühl her problematisiert. Was bei Rousseau (als Vernunft und Gewissen) zwei aufeinander verweisende Bedingungen der Vervollkommnung, der Identität mit sich selbst waren, wird hier einander entgegengestellt.

Die Wirkungsgeschichte Rousseaus – so wurde gesagt – ist nicht zu unterschätzen. Sie betrifft vor allem seine »unterirdische« Wirkung. Ein weiteres Beispiel dafür bildet sein Beitrag zur »Entdeckung der Kindheit« als eigener Lebensphase. Rousseaus Konzeption von Kindheit ist keine, die diese (allein) über Defizithypothesen konstruiert – so als seien die unterschiedlichen Phasen der Kindheit nur unvollkommene Stufen auf dem Weg zur Vervollkommnung. Die Phasen der Kindheit erhalten bei Rousseau vielmehr eigene Charakteristika und damit einen eigenständigen Wert. Das Zeitalter der »sinnlichen Vernunft« bildet keine primitive Phase der Vernunftentwicklung, sondern eine bestimmte Art der Welterschließung, die ihr eigenes Recht hat. Mehr noch: Ohne dass sie in ihrer Eigenwertigkeit anerkannt und berücksichtigt wird, ist eine Entwicklung des Vernunftvermögens zwar möglich, aber diese bleibt letztlich defizitär, weil erst die Berücksichtigung der Eigenständigkeit und Logik jener »sinnlichen Vernunft« auch eine volle Entfaltung der »richtigen« Vernunft ermöglicht. Auch hier ist nicht der Periodisierungsvorschlag Rousseaus oder seine Kennzeichnung der verschiedenen Phasen bestimmend geworden, wohl aber das Motiv der Periodisierung von Entwicklungsphasen und dasjenige der Anerkennung der Eigenwertigkeit altersspezifischer Verarbeitungsformen von Wirklichkeit.

Was die direkte (jüngere) Rezeption angeht, so hat auch hier eines jener Themen Eingang gefunden, die schon die philosophische Diskussion des Werkes Rousseaus zu seinen Lebzeiten umtreiben: jene Frage, ob das Werk Rousseaus spezifischen Eigentümlichkeiten seines Charakters geschuldet sei oder ob man es unabhängig davon betrachten kann. Die erste Variante wurde in der deutschen pädagogischen Diskussion von W. Ritzel betont, der die Ansicht vertrat, dass das Werk Rousseaus »höherer Blödsinn« (1959, S. 14) sei. Rousseau sei ein »genialer Träumer …, nicht aber ein Denker und Theoretiker« (1959, S. 151). Es fehle ihm – wie schon die Zeitgenossen vermuteten – »an sittlicher Kraft und intellektueller Redlichkeit« (1959, S. 9). Eine psychologisierend abwertende Einschätzung des Charakters Rousseaus wird hier zum Ansatzpunkt der Abwertung seines Werkes.

Eine andere, eher vom Werk ausgehende Perspektive, die von Groethuysen (1949) entwickelt wurde, hat ebenfalls Eingang in die pädagogische Diskussion gefunden. Groethuysen hatte darauf hingewiesen, dass es im Werk Rousseaus zwei unterschiedliche, nicht miteinander in Einklang zu bringende Entwürfe sinnvollen Lebens gibt: denjenigen eines Lebens in der Gesellschaft und denjenigen des Rückzugs aus der Gesellschaft. In der Pädagogik wurde dies an der Frage der Einheit des pädagogischen Entwurfs im »Emile« diskutiert. Während Röhrs (1957) behauptete, dass im »Emile« die negative Erziehung alle Entwicklungsphasen strukturiert, betonte Rang (1963) in seiner Einführung in den »Emile«, dass mit diesem Buch gleichsam zwei unterschiedliche Pädagogiken vorgelegt würden. Die politisch-soziale und die individuelle Lebensführung fallen für ihn auf Dauer auseinander und bleiben auch im »Emile« unvermittelt nebeneinander stehen. Während es in der Kindheit um die »Autarkie des Individuums« gehe (Rang 1963, S. 72), bilde die Jugendzeit hierzu eine »Antithese« (ebd., S. 74): Hier handele es sich um eine »éducation sentimentale« (ebd., S. 87) unter den Bedingungen gesellschaftlicher Abhängigkeit.

Ein anderer philosophischer Rousseau-Interpret, auf dessen Bedeutung schon frühzeitig Ilse Dahmer (1960/61) aufmerksam gemacht hat, scheint hingegen kaum berücksichtigt worden zu sein. Es handelt sich um P. Burgelin (1952), der vor allem das Thema der Authentizität in den Vordergrund gerückt hat. Wie nach ihm J. Starobinski (1957) betont Burgelin die Selbsttransparenz als oberstes Ziel Rousseaus sowohl auf der Ebene des zu erziehenden Menschen wie auch auf der Ebene des Autors. Er betont die Unmittelbarkeit als wahren Garanten für die gelingende Authentizität und knüpft damit die für das Werk Rousseaus auch hier als zentral behauptete Verbindung des Konzepts der formalen Identität mit demjenigen der Natur bzw. des Naturzustandes. Starobinski (1988) wird dieses Thema dann mit der Sprachauffassung Rousseaus in Verbindung bringen und auf die Perspektive der gewollten Einheit von sprachlichem Zeichen und realer Welt verweisen. Die sich aus einem sprachlichen Ausdruck, in dem sprachliches Zeichen und Realität eine Einheit bilden, ergebende Authentizität bildet für ihn die Garantie dafür, dass sich Menschen als authentische, d.h. wechselseitig transparente Wesen begegnen können.

Starobinskis Analysen verdanken einem Autor sehr viel, der in der pädagogischen Rousseau-Interpretation bisher übersehen wurde: Jacques Derrida. Dieser entwickelt seine Kritik am Gedanken der Repräsentation, an der begründbaren Repräsentation der Wirklichkeit in sprachlichen Zeichen, vor allem in einer Auseinandersetzung mit der geschilderten Sprachauffassung Rousseaus. Derrida (1967) geht davon aus, dass jeder Versuch, eine Übereinstimmung sprachlicher Zeichen mit der Wirklichkeit zu behaupten, die Eigentümlichkeit sprachlicher Zeichen übersieht. Das unaufhebbare Problem besteht für ihn in der unauflöslichen Unterschiedlichkeit zwischen Sprache und Wirklichkeit. Die niemals gegebene Einheit von Sprache und Wirklichkeit kann nur in immer neuen Anläufen versucht werden. Diese Versuche verdecken dann die Unlösbarkeit des Problems der Repräsentation der Wirklichkeit. Derrida nennt solche Versuche Supplementierungen. Die Präsenz (als Einheit von Sprache und Gegenstand) und (im Falle des bezeichneten Subjekts) die Selbstpräsenz bilden so zwar einerseits den Gegenstand der sprachlichen Bemühungen, werden aber andererseits durch die Sprache immer schon verfehlt. Die Sprache verdeckt in immer neuen Versuchen nur die Lücke zwischen sprachlichem Zeichen und Wirklichkeit; aber sie hebt sie nicht auf, sondern verschiebt sie nur.

Auch wenn der so bezeichnete Argumentationsstrang sich in Ansätzen in der pädagogischen Rezeption wieder findet (vgl. Schäfer 1992), steht eine systematische Lektüre des »Emile« unter diesen Gesichtspunkten bisher aus.

Auf ein weiteres Desiderat in der pädagogischen Rousseau-Rezeption soll abschließend hingewiesen werden. Im zweiten Band seiner »Strukturalen Anthropologie« feiert Claude Lévi-Strauss (1992) Rousseau als den Begründer der Wissenschaften vom Menschen. Er rechtfertigt diese Behauptung vor allem methodisch:

Rousseau habe eine Methode des Fremdverstehens entwickelt, die zum Vorläufer ethnologischer Feldforschung geworden sei. Der andere Mensch als Fremder sei für Rousseau nur zu verstehen, wenn der Verstehende sich selbst zunächst aus der Perspektive des Fremden wahrnehme: d.h. sich selbst fremd werde. Die Identifikation mit der (vermuteten) Perspektive des Fremden bedeute zunächst die Verweigerung der Selbstverständlichkeit der eigenen Perspektive auf den Fremden: Diese wird dem Verstehenden fremd. Und es sei dieses Sich-Fremdwerden, das ein Verstehen ermögliche, in dem der Andere anders bleiben könne, in dem er nicht zur unreflektierten Projektion des Eigenen gemacht werde. Die (auch emotionale) Wechselwirkung im Verstehen wird bei Rousseau (in der Interpretation durch Lévi-Strauss) fruchtbar gemacht für einen Prozess, in dem sowohl das Eigene wie auch das Fremde neu begriffen und als solches anerkannt werden.

Eine solche, von Lévi-Strauss nur skizzenhaft entworfene Konzeption des Verstehens könnte sicherlich für eine pädagogische Lesart Rousseaus fruchtbar gemacht werden. Sie könnte eine neue Perspektive gerade im Bereich der Eigenwertigkeit des Weltzugangs von Kindern, der oben hervorgehoben wurde, provozieren. Jenes pädagogische Verstehen, das im aktuellen kindlichen Verhalten immer schon dessen ideale Zukunft und Vervollkommnung begreift und die so beansprucht, über die Entwicklungsrichtung des Kindes Bescheid zu wissen, muss unter einer solchen Perspektive fragwürdig werden. Jenes von Lévi-Strauss im Anschluss an Rousseau skizzierte Konzept des Verstehens lässt dem Kind als anderem Menschen seine Andersheit: Es beansprucht nicht, dessen Gerichtetheit und Idealzustand besser zu kennen als dieses Kind selbst. In einer solchen Sicht wird das Problem der pädagogischen Lenkung und Verantwortung erneut aufgeworfen: Es ergibt sich die für das Verständnis von Erziehung systematisch wichtige Frage, inwieweit in pädagogischen Ansätzen (und das heißt auch: in den Konzeptionen von Erzieher und Zögling) eben dieser Eigenwertigkeit, der Fremdheit des Kindes, Rechnung getragen wird.

Zeittafel

1712 Jean-Jacques Rousseau wird als Sohn eines Uhrmachers in Genf geboren, seine Mutter stirbt schon wenige Tage nach seiner Geburt an deren Folgen. Eine Tante und sein Vater Isaac Rousseau und kümmern sich um ihn.

1722 Nachdem sein Vater nach einem Streit mit einem anderen Bürger nach Nyon flieht, um der drohenden Verhaftung zu entgehen, wird sein Onkel Gabriel Bernard sein Vormund, der ihn dann in der Pension von Pastor Lambercier – dem Bruder seiner Mutter – in Bossey, einem Genfer Vorort, erziehen lässt.

1724 beginnt er eine Lehre bei einem Genfer Gerichtsschreiber, die er aber abbricht.

1725 fängt er eine Lehre bei einem Graveur an. Die Arbeit selbst gefällt ihm, allerdings ist das Verhältnis zu seinem Lehrmeister durch seinen großen Lesehunger sehr gespannt.

1728 Rousseau flieht aus Genf, weil er nach einem Ausflug die Stadttore verschlossen vorfindet, und kommt auf Empfehlung eines katholischen Geistlichen nach Annecy zu der für ihn im Folgenden sehr bedeutsamen, zum katholischen Glauben konvertierten Mme de Warens. Zur Vorbereitung auf die Taufe schickt sie Rousseau nach Turin in Italien, wo er in verschiedenen Häusern als Lakai arbeitet und schließlich vom calvinistischen zum katholischen Glauben übertritt.

1729 Nach seiner Rückkehr zu Mme de Warens besucht er kurz und erfolglos ein Priesterseminar, dann versucht er sich als Chorist und Musikschüler. In den folgenden Jahren reist er in Frankreich und der Schweiz als Musik- oder Hauslehrer, Landstreicher, Musikant oder Schreiber. Zwischendurch kehrt er immer wieder zu Mme de Warens zurück, die für ihn einige Jahre lang Geliebte und Mutter zugleich ist.

1740 tritt er in Lyon eine Hauslehrerstelle an und verfasst für den Sohn der Familie die Schrift *Projet pour l'éducation de M. de Sainte-Marie.*

1741 gibt er diese Stelle wieder auf und hält sich in Les Charmettes, Mme de Warens' Landgut, auf. Dort betreibt er autodidaktische Studien.

1742 siedelt Rousseau nach Paris über. Er macht dort die Bekanntschaft des Enzyklopädisten Diderot. Nachdem seine neu entwickelte Notenschrift, in der die Noten durch Zahlen ersetzt werden, von der Akademie der Wissenschaften abgelehnt wird, schreibt er im Januar 1743 die Verteidigungsschrift *Dissertation sur la musique moderne.* Er handelt sich so eine fortdauernde Gegnerschaft Rameaus ein.

1743 Rousseau wird der Sekretär des französischen Botschafters in Venedig, wo er sich mit Politik und außerdem hingebungsvoll mit der italienischen Musik auseinandersetzt. Aber schon ein Jahr später wird er nach Auseinandersetzungen wieder entlassen und kehrt nach Paris zurück.

1745 Dort macht er die Bekanntschaft der 23 Jahre alten Wäscherin Thérèse Levasseur, die zu seiner Lebensgefährtin wird. Seine Oper *Les Muses galantes* hat Erfolg. Er erhält den Auftrag, ein musikalisches Festspiel von Voltaire und Rameau umzuschreiben.

1746 Rousseau beginnt eine Arbeit als Sekretär in einer Adelsfamilie. Sein erstes Kind wird geboren. Er gibt es, ebenso wie die folgenden vier Kinder, in ein Findelhaus. Während seiner Zeit in Paris knüpft er Kontakte im Kreis um den Baron d'Holbach; durch die Freundschaft mit Diderot, der ihn mit Condillac bekannt macht, findet er in den Kreis der Enzyklopädisten Eingang. Er arbeitet mit Voltaire an einer Oper.

1747 stirbt Rousseaus Vater in Nyon.

1748 bis 1750 schreibt Rousseau, von d'Alembert und Diderot beauftragt, die musikalischen Artikel für die *Encyclopédie,* schließt Freundschaft mit Grimm und lernt Mme d'Epinay kennen, die seine Gönnerin wird.

1750 schreibt Rousseau die Abhandlung *Discours sur les sciences et les arts*, die auf die Preisfrage der Akademie von Dijon, ob der Fortschritt der Wissenschaften und Künste zur Verbesserung der Sitten beigetragen habe, eine verneinende Antwort gibt. Rousseau erhält den Preis und wird über Nacht berühmt.

1751 Er gibt die Sekretärsstelle auf und arbeitet als Notenkopist.

1752 wird sein Singspiel *Le devin du village* sehr erfolgreich in Fontainebleau vor Ludwig XV. aufgeführt. Rousseau verzichtet allerdings auf die Audienz mit dem König und gleichzeitig damit auf dessen Gewährung einer Pension. Sein Theaterstück *Narcisse* wird im Théâtre Français aufgeführt.

1753 Mit der Schrift *Lettre sur la musique française*, in der er seiner Bewunderung der italienischen Musik Ausdruck gibt, bringt er die Pariser Musikwelt gegen sich auf. Rousseaus gesellschaftliche Isolierung beginnt.

1754 reist er mit Thérèse nach Genf und nimmt den calvinistischen Glauben und damit die Genfer Bürgerschaft wieder an.

1755 Der *Discours sur l'origine et les fondements de l'inégalité parmi les hommes* erscheint in Amsterdam auf eine erneute Preisfrage der Akademie Dijon. Dieses Mal gewinnt Rousseau keinen Preis.

1757 Er verliebt sich unglücklich in die ältere Sophie d'Houdetout, was seine Arbeit an der *Julie ou La Nouvelle Héloïse* fördert. In diesem Jahr bricht er mit Diderot, Grimm und Mme d'Epinay, die ihm ein Haus zur Verfügung gestellt hatte. In der Folge wohnt er bei verschiedenen adligen Gönnern.

1758 Rousseau veröffentlicht seine Theaterkritik *Lettre à M. d'Alembert sur les spectacles.*

1761 Die ersten Exemplare der *Nouvelle Héloïse* werden mit großem Erfolg in Paris verkauft. Rousseau arbeitet trotz Krankheiten und Verfolgungsängsten auf Einladung des Herzogs von Luxembourg in Montmorency weiter.

1762   Die in den folgenden beiden Schriften enthaltene Glaubens- und Gottesvorstellung sowie die Gesellschaftskritik Rousseaus veranlassen sowohl den Staat als auch die Kirche zu seiner Ächtung: Der *Contrat Social* erscheint in Amsterdam und wird in Frankreich sofort verboten, sein im Mai in Paris und Amsterdam erschienenes Buch *Emile ou De l'éducation* wird im Juni vom Pariser Parlament verurteilt und beschlagnahmt. Rousseau selbst soll verhaftet werden, flieht aber in die Schweiz. In Genf werden zur gleichen Zeit allerdings ebenfalls beide Bücher verboten, eingezogen und verbrannt. Er wird aus dem Berner Land ausgestoßen und flieht in das preußische Bergdorf Môtiers. Der *Emile* wird in den Niederlanden und in Bern verurteilt, der Erzbischof von Paris schreibt im August einen Hirtenbrief gegen dieses Buch.

1763   Im März sendet Rousseau den Brief *Lettre à Christophe de Beaumont* an den Erzbischof von Paris und verzichtet im Mai auf die Rechte eines Bürgers von Genf.

1764   Rousseau schlägt seinem Amsterdamer Verleger eine Gesamtausgabe seiner Werke vor, dieser ihm wiederum die Niederschrift einer Autobiografie. Die *Lettres écrites à la montagne*, eine polemische Antwort auf die Schrift des Genfer Generalstaatsanwalts Tronchin, in der dieser die Verbotsentscheidung des Rats der Stadt begründet hatte, erscheinen in Amsterdam. Rousseau betreibt in Môtiers botanische Studien und entwirft auf Bitte eines korsischen Freiheitskämpfers hin eine Verfassung für ein unabhängiges Korsika. Voltaire schreibt gegen Rousseau anonym die Schmähschrift *Le sentiment des citoyens*, was diesen veranlasst, mit seinen *Confessions* zur Verteidigung bzw. wahren Darstellung seiner Person zu beginnen.

1765   werden die *Lettres écrites à la montagne* in Haag und in Paris verurteilt und verbrannt. Rousseau flieht, als man sein Haus in Môtiers mit Steinen bewirft. In diesem Jahr reist er auf die Insel Saint-Pierre, von der ihn die Berner Regierung verweist, und schließlich unter der Schirmherrschaft des Prinzen von Conti nach Straßburg und nach Paris.

1766   wird Rousseau auf dessen Einladung hin in England Gast
        von Hume und fährt dort fort, an den *Confessions* zu arbei-
        ten, die er 1770 erst fertig stellt. Mitte des Jahres beginnt
        schon das Zerwürfnis mit Hume. Rousseaus Verfolgungs-
        wahn isoliert ihn zunehmend.

1767   Georg III. gewährt Rousseau eine Rente. Dieser bricht je-
        doch zwei Monate später wieder nach Frankreich auf, wo er
        sich, z.T. unter falschem Namen, mit Thérèse bei verschie-
        denen Adligen aufhält. Eine bedeutungsvolle Sammlung sei-
        ner Musikartikel und das *Dictionnaire de musique* erscheint
        in Paris. Rousseau wird von Krankheiten geplagt.

1768   Er fühlt sich von einem Komplott bedroht. Man fürchtet in
        Paris die Veröffentlichung seiner »Memoiren«. Nach 23 Jah-
        ren lässt er sich mit Thérèse Levasseur standesamtlich trau-
        en. In den folgenden zwei Jahren verbringt er Zeit in Mon-
        quin, Lyon und in Paris, wo er wieder als Notenkopist (u.a.
        für Gluck) arbeitet und botanische Studien betreibt.

1770   beginnt Rousseau mit privaten Lesungen seiner *Confessions*,
        was ihm aber knapp ein Jahr später durch Mme d'Epinay
        polizeilich verboten wird.

1772   Er schließt die *Considérations sur le gouvernement de Pologne*
        ab und arbeitet unter wahnhaften und depressiven Zustän-
        den an der autobiografischen Schrift *Rousseau juge de Jean-
        Jacques* (bis 1776). Er führt auch seine botanischen Studien
        und musikalischen Arbeiten weiter.

1776   Er beginnt die *Rêveries du Promeneur solitaire*, seine letzte
        und unvollendet gebliebene autobiografische Schrift. Seinen
        Lebensunterhalt bestreitet er mit dem Kopieren von Noten,
        bis sein Augenlicht für diese Arbeit nicht mehr genügt.

1778   schreibt er die 8.–10. *Promenade* der *Rêveries* und zieht im
        Mai nach Ermenonville, einem Besitz des Marquis de Girar-
        din. Dort stirbt er knapp zwei Monate später.

1782   erscheinen Aufsehen erregend ein Teil der *Confessions* und
        die *Rêveries*, sieben Jahre später der letzte Teil der *Confes-
        sions*.

1794   wird seine Leiche in das Pariser Panthéon überführt.

Literaturverzeichnis

1. Werkausgaben und deutsche Übersetzungen

Rousseau, J.-J.: Œuvres complètes, éd. Gagnebin, B./Raymond, M. (Bibliothèque de la Pléiade).

Rousseau, J.-J.: Vol. I. Les Confessions, Autres textes autobiographiques. Paris 1959.

Rousseau, J.-J.: Vol. II. La Nouvelle Héloïse, Théâtre – Poésies, Essais littéraires. Paris 1964.

Rousseau, J.-J.: Vol. III. Du contrat social. Ecrits politiques. Paris 1964.

Rousseau, J.-J.: Vol. IV. Emile. Education – Morale – Botanique. Paris 1969.

Rousseau, J.-J.: Correspondance Générale, éd. Dufour, Th. 20 Bde. Paris 1924–1934.

Rousseau, J.-J.: Emile oder über die Erziehung. Vollständige Ausgabe, in deutscher Fassung besorgt von L. Schmidts. Paderborn 1978.

Rousseau, J.-J.: Emile oder Über die Erziehung (herausgegeben, eingeleitet und mit Anmerkungen versehen von M. Rang; übersetzt von M. Rang und E. Sckommodau). Stuttgart 1963.

Rousseau, J.-J.: Preisschriften und Erziehungsplan, hrsg. von H. Röhrs. Bad Heilbrunn/Obb. 1976.

Rousseau, J.-J.: Schriften zur Kulturkritik. Die zwei Diskurse von 1750 und 1755, eingeleitet, übersetzt und herausgegeben von K. Weigand. Hamburg 1978.

Rousseau, J.-J.: Schriften. Zwei Bände. Hrsg. von H. Ritter. Frankfurt a.M./Berlin/Wien 1981.

Rousseau, J.-J.: Politische Schriften Band 1. Abhandlungen über die politische Ökonomie, Vom Gesellschaftsvertrag, Politische Fragmente, übers. v. L. Schmidts. Paderborn 1977.

Rousseau, J.-J.: Der Gesellschaftsvertrag oder Die Grundsätze des Staatsrechts (übersetzt von H. Denhardt). Stuttgart 1974.

Rousseau, J.-J.: Die Bekenntnisse. Die Träumereien des einsamen Spaziergängers. München (Winkler) 1978.

Rousseau, J.-J.: Julie oder Die Neue Heloise. Briefe zweier Liebenden aus einer kleinen Stadt am Fuße der Alpen. München (Winkler) 1978.

Rousseau, J.-J.: Emile oder Von der Erziehung. Emile und Sophie oder die Einsamen. München (Winkler) 1979.

Rousseau, J.-J.: Sozialphilosophische und Politische Schriften. Übers. v. E. Koch. München (Winkler) 1981.

2.　Sekundärliteratur

Barth, H.: Über die Idee der Selbstentfremdung des Menschen bei Rousseau. In: Z. f. philosoph. Forschung 13, 1959, 1, S. 16–35.

Benner, D.: Allgemeine Pädagogik. Eine systematisch-problemgeschichtliche Einführung in die Grundstruktur pädagogischen Denkens und Handelns. Weinheim 1987.

Blankertz, H.: Geschichte der Pädagogik. Von der Aufklärung bis zur Gegenwart. Wetzlar 1982.

Bockow, J.: Erziehung zur Sittlichkeit. Zum Verhältnis von praktischer Philosophie und Pädagogik bei Jean-Jacques Rousseau und Immanuel Kant. Frankfurt a.M./Bern/New York/Nancy 1984.

Bolle, R.: Jean-Jacques Rousseau. Das Prinzip der Vervollkommnung des Menschen durch Erziehung und die Frage nach dem Zusammenhang von Freiheit, Glück und Identität. Münster/ New York 1995.

Bruppacher, M.: Selbstverlust und Selbstverwirklichung. Die geistige Entwicklung des Menschen bei J.-J. Rousseau. Frankfurt a.M. 1972.

Buck, G.: Rückwege aus der Entfremdung. Studien zur Entwicklung der deutschen neuhumanistischen Bildungsphilosophie. München, Paderborn 1984.

Burgelin, P.: La Philosophie De L'Existence De J.-J. Rousseau. Paris 1952.

Cassirer, E.: Das Problem Jean-Jacques Rousseau. In: Archiv für Geschichte der Philosophie XLI, 1932, S. 177–213 u. S. 479–513.

Cassirer, E./Starobinski, J./Darnton, R.: Drei Vorschläge, Rousseau zu lesen. Frankfurt a.M. 1989.

Dahmer, I.: Das Phänomen Rousseau. Weinheim 1962.

Derrida, J.: Grammatologie. Frankfurt a.M. 1967.

Eigeldinger, M.: Jean Jacques Rousseau et la réalité de l'imaginaire. Neuchâtel 1962.

Fetscher, I.: Rousseaus politische Philosophie. Zur Geschichte des demokratischen Freiheitsbegriffs. Frankfurt a.M. 1978.

Fetscher, I./Figal, G./Starobinski, J.: Rousseau und die Folgen. Göttingen 1989.

Forschner, M.: Rousseau. Freiburg 1977.

Foucault, M.: Die Ordnung der Dinge. Eine Archäologie der Humanwissenschaften. Frankfurt a.M. 1974.

Frank, M.: Das Sagbare und das Unsagbare. Studien zur deutsch-französischen Hermeneutik und Texttheorie. Frankfurt a.M. 1993.

Groethuysen, B.: J.-J. Rousseau. Paris 1949.

Hansmann, O. (Hrsg.): Seminar: Der pädagogische Rousseau. Band I: Materialien. Weinheim 1993.

Hansmann, O. (Hrsg.): Seminar: Der pädagogische Rousseau. Band II: Kommentare, Interpretationen, Wirkungsgeschichte. Weinheim 1996.

Jaumann, H. (Hrsg.): Rousseau in Deutschland. Neue Beiträge zur Erforschung seiner Rezeption. Berlin/New York 1995.

Jimack, P.D.: La Genèse et la rédaction de L'EMILE de J.-J. Rousseau. Etude sur l'histoire de l'ouvrage jusqu'à sa parution (Studies on Voltaire and the Eighteenth Century, Vol. 13). Genf 1960.

Kofman, S.: Rousseau und die Frauen. Tübingen 1986.

Kraft, V.: Rousseaus »Emile«. Lehr- und Studienbuch. Bad Heilbrunn 1997.

Lévi-Strauss, C.: Jean-Jacques Rousseau, Begründer der Wissenschaften vom Menschen. In: ders.: Strukturale Anthropologie II. Frankfurt a.M. 1992, S. 45–56.

Masson, P.-M.: La religion de Jean-Jacques Rousseau. Genf 1970 (Paris 1916).

Rang, M.: Rousseaus Lehre vom Menschen. Göttingen 1965 (1959).

Rang, M.: Einleitung. In: J.-J. Rousseau: Emile oder Über die Erziehung. Stuttgart 1963, S. 5–97.

Ravier, A.: L'éducation de l'homme nouveau. Essai historique et critique sur le livre de l'Emile de J.-J. Rousseau. Lyon 1941.

Reich, K.: Rousseau und Kant. Tübingen 1936.

Ritzel, W.: Jean-Jacques Rousseau. Stuttgart 1959.

Röhrs, H.: Jean-Jacques Rousseau. Vision und Wirklichkeit. Köln 1993.

Salomon-Bayet, C.: Jean-Jacques Rousseau. In: Chatelet, F. (Hrsg.): Geschichte der Philosophie, Bd. IV. Frankfurt a.M./ Berlin/Wien 1974, S. 134–191.

Saussure, F.: Grundfragen der allgemeinen Sprachwissenschaft. Berlin 1967.

Schäfer, A.: Verhinderte Erfahrung. Zum Ausgangspunkt der Bildungskonzeptionen Rousseaus und Adornos. In: Hansmann, O./Marotzki, W. (Hrsg.): Diskurs Bildungstheorie. Rekonstruktion der Bildungstheorie unter Bedingungen der gegenwärtigen Gesellschaft. (Bd. 2: Problemgeschichtliche Orientierungen). Weinheim 1989, S. 43–65.

Schäfer, A.: Rousseau: Pädagogik und Kritik. Weinheim 1992.

Schmid, P.: Rousseau Revisited. Geschlecht als Kategorie in der Geschichte der Erziehung. In: Zeitschrift für Pädagogik 38, 1992, 6, S. 839–854.

Soetard, M.: Jean-Jacques Rousseau. Philosoph – Pädagoge. Zerstörer der alten Ordnung. Eine Bildbiographie. Zürich 1989.

Spaemann, R.: Rousseaus »Emile«: Traktat über Erziehung oder Träume eines Visionärs? Zum 200. Todestag von Jean-Jacques Rousseau. In: Zeitschrift für Pädagogik 24, 1978, 6, S. 823–834.

Spaemann, R.: Rousseau – Bürger ohne Vaterland. München 1980.

Spranger, E.: Jean-Jacques Rousseau. In: Spranger, E.: Gesammelte Schriften. Band 11 (Hrsg. O. Dürr). Heidelberg 1972, S. 39–63.

Starobinski, J.: Rousseau. Eine Welt von Widerständen. München 1988 (frz. Original 1957).

Zirfas, J.: Präsenz und Ewigkeit. Eine Anthropologie des Glücks. Berlin 1993.

Michael Winkler

Klaus Mollenhauer

Ein pädagogisches Porträt.
(Reihe: Pädagogische Porträts)
2002. 155 S., Br.
€ 13,90 D (3-8252-2286-1)

Mollenhauers Theoriebildung steht für den Übergang von der geisteswissenschaftlichen zur kritischsozialwissenschaftlichen Pädagogik.

Aus dem Inhalt:
- Fragmente einer Theorie. Einstieg für ganz Eilige.
- Gesellschaft und Erziehung.
- In Erinnerung an die geisteswissenschaftliche Pädagogik.
- Erziehung und Emanzipation.
- Sozialwissenschaft und Pädagogik.
- Kultur und Pädagogik. Vergessene Zusammenhänge.
- Schleiermacher und die Folgen.

Die Reihe »Pädagogische Porträts« wird herausgegeben von Alfred Schäfer.

UTB für Wissenschaft
Uni-Taschenbücher GmbH
Breitwieserstr. 9, 70565 Stuttgart
Tel. 0711/7829555-0 – Fax 0711/7801376
www.utb.de   e-mail: utb-stuttgart@t-online.de

Preisänderungen vorbehalten · utb-2286

Jens Brachmann

Friedrich Schleiermacher

Ein pädagogisches Porträt.
(Reihe: Pädagogische Porträts)
2002. 144 S. Br., € 13,90 D (3-8252-2285-3)

Das zentrale Thema der Pädagogik Schleiermachers bildet die
Einbindung des Einzelnen in die soziale Gemeinschaft unter den
Bedingungen der Moderne.

Aus dem Inhalt:

Das Kolleg »Grundzüge der Erziehungskunst« (1813/14).
– Systementwurf, »ethische Wissenschaften« und der heuristi-
sche Ort pädagogischer Theorie. – Erzieherische Einwirkung als
Gegenstand pädagogischer Theorie. – Pädagogische Handlungs-
formen. – Perioden der Erziehung. – Grenzen. – Editions- und
Wirkungsgeschichte.

Die Reihe »Pädagogische Porträts« wird herausgegeben
von Alfred Schäfer.

UTB für Wissenschaft
Uni-Taschenbücher GmbH
Breitwieserstr. 9, 70565 Stuttgart
Tel. 0711/7829555-0 – Fax 0711/7801376
e-mail: utb-stuttgart@t-online.de

www.utb.de

Preisänderungen vorbehalten · utb-2285

Dietrich Benner

Hauptströmungen der Erziehungswissenschaft

Eine Systematik traditioneller und moderner Theorien.
4. Auflage 2001. 368 S., Br.
€ 19,90 D (3-8252-2260-8)

Dieser Band informiert über die Ansätze der traditionellen Pädagogik und die erziehungswissenschaftliche Theoriediskussion im 20. Jahrhundert. Erläutert werden Ansätze (Rousseau, Schleiermacher, Herbart, Willmann, der Fichteaner, Hönigswald) innerhalb der traditionellen Pädagogik sowie der Sinn und die Grenzen dieser Ansätze. Die Analyse der modernen Forschungsansätze und eine Theorie des pädagogischen Experiments runden das Werk ab.

Über den Autor:
Prof. Dr. *Dietrich Benner* lehrt an der Humboldt-Universität zu Berlin.

UTB für Wissenschaft
Uni-Taschenbücher GmbH
Breitwieserstr. 9, 70565 Stuttgart
Tel. 0711/7829555-0 – Fax 0711/7801376
www.utb.de   e-mail: utb-stuttgart@t-online.de

Armin Bernhard / Lutz Rothermel (Hrsg.)

Handbuch Kritische Pädagogik

*Eine Einführung in die Erziehungs-
und Bildungswissenschaft.
2. Auflage 2001. 456 S., Br.,
€ 20,90 D (3-8252-8214-7)*

Diese Einführung isoliert die Inhalte und Grundprobleme der
Pädagogik nicht künstlich von gesellschaftlichen Bedingungen,
sondern bezieht sie mit ein. Sie stellt somit einen Orientierungs-
rahmen für politisch-pädagogische Handlungsfähigkeit zur Verfügung und beugt einem naiven Pädagogikverständnis vor.
Behandelt werden u.a. die Grundlagen und Grundbegriffe der
Pädagogik, der Gesellschaft und globale Probleme und die Ar-
beitsbereiche der Pädagogik.

Über die Herausgeber:

Dr. *Armin Bernhard*, Jg. 57, ist Professor für Pädagogik an der
Universität Münster.
Dr. *Lutz Rothermel*, Jg. 56, ist Professor für Pädagogik an der
Hochschule Magdeburg-Stendal.

UTB für Wissenschaft
Uni-Taschenbücher GmbH
Breitwieserstr. 9, 70565 Stuttgart
Tel. 0711/7829555-0 – Fax 0711/7801376
www.utb.de   e-mail: utb-stuttgart@t-online.de